Das Kreuz – Baum des Lebens

LUISE SCHOTTROFF
DOROTHEE SÖLLE
BÄRBEL VON WARTENBERG-POTTER

Das Kreuz –
Baum des Lebens

Kreuz Verlag

CIP-Kurztitelaufnahme der Deutschen Bibliothek

Schottroff, Luise:
Das Kreuz – Baum des Lebens / Luise Schottroff ;
Dorothee Sölle ; Bärbel von Wartenberg-Potter. –
Stuttgart : Kreuz-Verlag, 1987.
  ISBN 3-7831-0897-7

NE: Sölle, Dorothee:; Wartenberg-Potter, Bärbel von:

1. Auflage
© Kreuz Verlag Stuttgart 1987
Umschlaggestaltung: HF Ottmann
Satz: Typobauer, Scharnhausen
Druck und Bindung: J. Ebner Ulm
ISBN 3 7831 0897 7

Inhalt

I. Kreuz der Frauen –
Kreuz der Armen – Kreuz Christi

Ein Feierabendmahl

Luise Schottroff
Dorothee Sölle
Bärbel von Wartenberg-Potter

Dieses Feierabendmahl wurde am Freitag, 19. Juni 1987, im Rahmen des
22. Deutschen Evangelischen Kirchentags in Frankfurt gefeiert.

1. Kritik am Kreuz

Bärbel von Wartenberg-Potter

Wir wollen heute abend über das Kreuz sprechen und damit ein in vieler Hinsicht heißes Eisen anfassen. Denn das Kreuz ist, wie schon oft in seiner Geschichte, ins Kreuzfeuer geraten.

Wir Frauen lassen heute die Deutung der christlichen Symbole nicht mehr nur in den Händen derer, die nicht aus ihrer kulturellen Gefangenschaft ausziehen wollen, sondern theologische Systeme verteidigen, die zu solcher Entstellung der christlichen Symbole geführt haben. Wir kamen hier zusammen in dem Wissen, daß die Zahl der Kreuze und die maßlosen Weisen des Kreuzigens in unserer Welt immer dramatischer zunehmen. Mit eigenen Augen haben wir gesehen, wie ungeheuerlich die Kreuzigung von zwei Drittel der Menschheit, ja der gesamten Erde betrieben wird. Gott und Mensch werden heute gekreuzigt, auch in unserem Land, und wir liefern aktiv oder unschuldig-schuldig die Werkzeuge dazu. Demgegenüber wollen wir von einer wichtigen Erfahrung sprechen: daß in vielen Teilen der Welt Menschen im Kreuz Christi eine befreiende Kraft entdecken, weil es für sie sichtbar macht, daß Gott zu *ihnen* hält, auf *ihrer* Seite ist, der Seite der Armen, Vergewaltigten, Gekreuzigten – und das macht sie stark.

Auf der anderen Seite ist da die Verwirrung und Aggression, die das Kreuz als Symbol bei Frauen innerhalb und außerhalb der Kirche ausgelöst hat. Das Wesen der Religion ist am Wesen der Symbole, die sie verehrt, zu erkennen. Ist es dann wahr, wie viele Frauen sagen, daß wir ein Todes-Symbol verehren und daß dieses Symbol mitverantwortlich ist für das maßlose Töten in unserer Welt? Ein Vorwurf, so groß und vernichtend, schafft tiefe Betroffenheit. Mit Aufmerksamkeit und der Gabe der Unterscheidung müssen wir Frauen über solche Infragestellungen nachdenken. Denn darüber sind tiefe Meinungsverschiedenheiten unter uns vorhanden, die zu überbrücken es mehr bedarf als des Appells an das gemeinsame Frau-Sein. Aber in welcher Weise können wir diese Differenzen austragen, wenn immer schon einige auf der Lauer liegen, um Munition zu sammeln, mit der das gesamte Anliegen der feministischen Theologie unter Beschuß genommen werden soll? Dies ist unser Dilemma.

Wir haben das Thema gewählt: Das Kreuz – Baum des Lebens. Wir versuchen eine Antwort zu geben, warum wir als Frauen im Haus der christlichen Symbole leben wollen. Wir haben uns in die befreiende Tradition des Christentums gestellt und wollen auch das Kreuz in diese Tradition stellen, gerade weil wir wissen, wie sehr es gegen Frauen, die Armen und Entrechteten und die Natur mißbraucht wurde. Wir sind in dieser Sache keine Bilderstürmerinnen, sondern wir gehen vielmehr daran, radikale Restaurationsarbeit zu verrichten, um das Ursprüngliche wiederherzustellen. Wir tragen die jahrhundertealten Schichten ab, die die Fresken unseres Glaubens bis zur Unkenntlichkeit entstellt haben. Ohne eine Tempelreinigung kommen wir nicht aus. Eine neue Klarheit soll in den Symbolen und Gesten unseres Glaubens aufleuchten.

Wie kommt es immer wieder zu solch vernichtenden Urteilen über das Kreuz – diesmal aus Frauen-Mund?

Beim Abtragen der Jahrhundertschichten wird deutlich, daß die Kirche das Kreuz aus seiner historischen Verankerung gerissen und spiritualisiert, also rein geistig gedeutet hat. Aus dem historischen Kreuz des Jesus von Nazareth wurde ein zeitlos religiöses Symbol, das nur noch repräsentierte, was es unmittelbar darstellte, nicht mehr, *wie* es dazu kam, oder *wie* es weiterging. So konnte es leicht zu angstmachenden, unterdrückerischen Zwecken verwendet werden, da es sich überall aufstellen ließ, in den Palästen der Inquisition ebenso wie in den Amtsstuben der Apartheid. Der Zorn der Frauen entzündet sich daran, daß ihnen durch die Jahrhunderte nichts von der befreienden Kraft des Christentums zuteil wurde, sondern es dazu diente, ihre Opfer und Kreuzigungen religiös zu verbrämen. Deshalb lehnen viele Frauen heute das Kreuz ab. Beladen mit solcher Geschichte, trauen sie dem Symbol grundsätzlich keine Lebens-Kraft zu. Die Kirche erntet so, was sie säte: Wer die Befreiung verrät, wird Rebellion ernten. Heute benennen Frauen, wo ihre Kreuze stehen: in den Häusern für vergewaltigte Mädchen und geschlagene Frauen, an gnadenlosen Fließbändern und auf den Arbeitsämtern, im Ausländerviertel, da stehen die Kreuze. Viel stummes Leid ist auch in den wahllosen »Beziehungskisten«, wie die Liebe hierzulande genannt wird, im einsamen Ehebett, in den heimlich geschluckten Anti-Depressionspillen, im feindseligen Unverstehen zwischen Müttern und Töchtern, in der Selbstzerfleischung unter uns Frauen. Auch das sind Kreuze. Die Spiritualisierung des Kreuzes hat verdunkelt, daß der Kreuzweg Jesu in ein neues Leben mündete; daß Jesus ein armer Mensch war, der gekreuzigt wurde, weil er mit seiner Botschaft von der Umwertung aller Werte den Entrechteten seiner Zeit, den Armen, den Frauen und den Sklaven eine neue Zukunft versprach.

Als Frauen wollen wir heute neuen Sinn in unser Leben bringen. Dazu brauchen wir heilige Symbole. Mit Hammerschlägen ist da nichts auszurichten. Wir wollen behutsam die Dialektik von Tod und Liebe ergründen. Die historische Stunde muß entscheiden, ob wir Kreuze errichten oder abschaffen, ob das Kreuz Leben verhindert oder ermöglicht. Das ist der Wahrheitstest.

2. Historische Information zum Kreuz
Luise Schottroff

Der römische Statthalter Pilatus in Palästina hat den Juden Jesus aus Nazareth durch Kreuzigung hinrichten lassen. Jesus war ein jüdischer Märtyrer – wie viele vor ihm und nach ihm; auch Frauen sind den Märtyrertod wie Jesus gestorben. Die Kreuzigung war ein römisches Herrschaftsinstrument. Die römische Weltmacht kreuzigte jene Männer und Frauen öffentlich, von denen sie befürchtete, sie könnten politische Unruhe stiften. Politische Unruhe geht auch heute nicht nur von bewaffneten Aufstandsheeren aus, sondern auch – vielleicht noch mehr – von jenen, die in einer Welt voller Brutalität ihr Leben für die Gerechtigkeit unter Menschen einsetzen. Jesus war die leibliche Verkörperung der Gerechtigkeit Gottes in seiner Welt.

Das jüdische Volk war ausgebeutet und verarmte immer mehr. Jesus kündigte den Armen die Königsherrschaft Gottes an, er verbündete sich mit den Armen und mit den Blinden, die schon durch Infektionen ihre Augen verloren hatten. Sie sahen in seiner Nähe wieder ihre Zukunft. Ihre Augen wurden gesund, und sie feierten das Festmahl der Gotteszukunft schon gleich miteinander.

Das Volk hatte Angst vor dem Krieg, den die Römer führen könnten, um dem jüdischen Volk die letzten Reste von Selbstbestimmung und Glauben an ihren Gott zu nehmen. Jesus ist öffentlich in Wort und Tat mit dem Anspruch aufgetreten, daß nur *eine* Herrschaft Zukunft hat: die Herrschaft Gottes. Nur für die Herrschaft Gottes sollten wir auch heute Herrschaft noch anerkennen und Worte wie »Herrschaft« oder »Herr« bejahend benutzen. Die Herrschaft Gottes ist das Ende aller menschlichen Herrschaft, und sie ist eine Herrschaft, die Menschen nicht kleinmacht, sondern sie befreit. In der Königsherrschaft Gottes können die Menschen endlich so leben, wie es der Schöpfung entspricht. Diese Herrschaft Gottes beginnt nicht am Sankt Nimmerleinstag, sondern schon heute, dort, wo die Senfkörner sind. Senfkörner der Königsherrschaft Gottes sind Menschen wie Jesus. Sie warten nicht auf bessere Zeiten, sie lassen sich nicht entmutigen, sie halten sich am Willen Gottes fest. Das jüdische Volk stöhnte unter Hunger und politischer Unterdrückung. Jesus ist als Märtyrer für sein Volk und Gottes Gerechtigkeit gestorben. Die Römer haben begriffen, daß die leibliche Verkörperung der Gerechtigkeit Gottes in der Welt subversiv ist, die Mächtigen bedroht. Gegen diese Senfkörner sind sie machtlos, gerade auch wenn sie die Senfkörner vernichten wollen und Menschen wie Jesus hinrichten. Die Römer haben es eben mit ihrer ganzen Armee *nicht* geschafft, Jesu Lebendigkeit zu vernichten. Jesu Tod am Kreuz war nicht das Ende seines Weges, sondern der wunderbare Beginn der Königsherrschaft Gottes auf dieser Welt. Die Senfkörner der Gerechtigkeit tauchten nun ganz schnell überall im Römischen Reich auf.

Es war ein Holzkreuz, an dem Jesus starb. Seine Anhängerinnen und Anhänger haben den Gekreuzigten wegen seiner Lebenskraft so sehr geliebt, daß sie sagten: Das Kreuz ist der Lebensbaum. Der Lebensbaum ist eine mythische oder symbolische Vorstellung von der Fülle des Lebens, der Vollendung der Schöpfung, wie Gott sie eigentlich will. Die Welt des Todes ist dürre Steppe, wo nur stachlige Sträucher wachsen, deren Früchte bitter schmecken und nicht sattmachen. Der Lebensbaum hat seine Wurzeln am klaren Quellwasser, er ist saftig und grün und voller duftender Früchte. Die Menschen sehnten sich nach der Fülle des Lebens und sagten: Der Lebensbaum trägt nicht nur einmal im Jahr, er trägt jeden Monat Früchte, zwölfmal im Jahr. Das Kreuz ist der Lebensbaum, haben die Armen und die geheilten Blinden, die aufrechtgehenden Frauen in der Nachfolge Jesu gesagt. Sie haben gesagt – ich zitiere einen altkirchlichen Text: »Das Holz des Lebens (das Kreuz) wurde in die Erde gepflanzt, damit die verfluchte Erde Segen genieße und die Toten erlöst werden. Schämen wir uns also nicht, den Gekreuzigten zu bekennen! Besiegeln wir vertrauensvoll mit den Fingern die Stirne, machen wir das Kreuzzeichen auf alles, auf das Brot, das wir essen, über den Becher, den wir trinken! Machen wir es beim Kommen und Gehen, vor dem Schlafe, beim Niederlegen und Aufstehen, beim Gehen und Ruhen! . . .« (Cyrill von Jerusalem, † 386, Taufkatechese 13,35 f.). Das Kreuz Christi ist der Lebensbaum, die Fülle des Lebens.

Manche Christen und Christinnen damals haben gesagt: Wir können unsere Armut und Ohnmacht doch nicht ändern, aber der Glaube, die Religion kann uns darüber hinweghelfen. Wir wollen alle die schrecklichen Dinge wie Hunger und Kreuze ausklammern, wir besingen nur noch das himmlische Glück. Wir wollen vom Kreuz Christi nichts mehr wissen, wir kennen nur noch die Auferstehung und die himmlische Weisheit. So gibt uns der Glaube, was uns in der Realität fehlt. Wir fühlen uns reich und mächtig wie die Könige (1. Korinther 4,8). Andere christliche Männer und Frauen haben mit diesen Geschwistern gestritten und gesagt: »Das Wort vom Kreuz ist eine Torheit für die, die verloren gehen, denen, die gerettet werden – uns –, ist es Kraft Gottes« (1. Korinther 1,18). Nicht irgendwo im Himmel, sondern dort, wo der Tod am mächtigsten ist, da wird Gottes Kraft lebendig. Christen können sich nicht aus der Realität davonschleichen, sie richten ihre Augen auf das Kreuz Christi und sehen dort den Beginn der Königsherrschaft Gottes, des neuen Himmels und der neuen Erde. Gottes Weisheit und den Himmel zu verehren, war damals das Interesse vieler religiöser Bewegungen, aber daß Gottes Weisheit in einem Gekreuzigten gegenwärtig ist, ist für viele Leute ein Widerspruch in sich selbst. Religion soll doch nach oben ziehen, zur göttlichen Weisheit, nicht nach unten, wo die armen Leute leben und, wenn sie sich nicht anpassen, am Kreuz sterben. Die Alternative lautete damals wie heute: Wollen wir den Glauben als Flucht in die heile Welt, oder wollen wir das Kreuz als Lebensbaum?

Es ist die Arbeit des Glaubens, die Kreuze zu sehen, die um uns herum aufgerichtet werden, der Blick auf die Kreuze gehört zum Glauben dazu. Die Kreuze heute werden vor allem von den Frauen der Zweidrittelwelt getragen. Ich zitiere die Chilenin Nuri Nunez: In der Zweidrittelwelt »arbei-(te)ten Frauen unter oft unmenschlichen Bedingungen ohne soziale Absicherung und ohne Arbeitsverträge für ihr eigenes Überleben und das ihrer Kinder. Sie arbei(te)ten in multinationalen Konzernen, in der Textilindustrie, sie stellen das Dienstpersonal, die fliegenden Händler, leisten Heimarbeit mit ihren dafür nicht entlohnten Kindern oder müssen gar der Prostitution nachgehen« (in: Frankfurter Rundschau vom 12. 5. 1987). Wir wissen, daß die Frauen dort, wo wirtschaftliche Ausbeutung und politische Unterdrückung ungehindert herrschen, am schlimmsten getroffen werden, noch schlimmer als die Männer. Und wenn sie sich wehren, dann tobt sich auch noch der Sexismus an ihnen aus. Ich zitiere aus dem Asylantrag von A. B., 37 Jahre alt, einer Lehrerin aus dem Iran. Man brachte sie in Untersuchungshaft, weil sie in ihrer Schule nicht die Ideologie des Staates vertrat. Man beschuldigte sie unislamischen Verhaltens, des Ehebruchs. »Ich wurde (in der Untersuchungshaft) sogar zu einer gynäkologischen Untersuchung zum Amtsarzt gebracht.« Später wurde sie zu 22 Peitschenhieben in Gegenwart ihrer Arbeitskollegen und Schüler verurteilt. Sie ist nach Deutschland geflohen, und ihr Asylantrag ist abgelehnt worden. Ihre Abschiebung konnte im letzten Augenblick verhindert werden. Ihr Schicksal ist ungewiß.

Was kann das heißen, daß das Kreuz der Lebensbaum ist, wenn wir die Kreuze sehen, die um uns herum aufgerichtet werden? Unsere islamische Schwester leidet. Wir sehen ihr Kreuz, wir sehen die Kreuze der Frauen in der Zweidrittelwelt. Wir versuchen, mitzuarbeiten an der Befreiung, die Kreuze in Lebensbäume zu verwandeln, hier bei uns – so gut es geht. Die Menschen, die auf unsere iranische Schwester achten, die arbeiten für die Verwandlung der Kreuze.

Ein anderes Beispiel: Im Hunsrück stehen 96 Kreuze für die 96 Cruise missiles. Viele von euch werden den Kreuzakker kennen, der aussieht wie ein Massengrab und doch in Wahrheit ein Ort des Lebens ist. *Diese* Kreuze sind *vor* der Katastrophe aufgestellt worden, hat einer der Menschen gesagt, die sich im Herbst bei der Blockade des Raketenlagers haben wegtragen lassen. »Die Kreuze auf den Gräberfeldern nach den Schlachten wurden zu spät aufgerichtet« (Philipp

Neßling, Pfarrer in Essen, vor dem Amtsgericht in Simmern am 8. 4. 1987). Es sind 96 Lebensbäume, die an der Hunsrückhöhenstraße stehen. Noch sind diese Völkermordwaffen dort stationiert. Ich glaube es erst, daß sie verschrottet werden, wenn sie da weg sind. Die Abrüstungsankündigungen sind mit intensiven Aufrüstungen verbunden, z. B. bei den chemischen Waffen und SDI. Solange die Kreuze im Hunsrück stehen, müssen wir uns neben sie stellen und sie festhalten, damit sie Lebensbäume sein können.

Es ist die Arbeit des Glaubens, die Kreuze zu sehen, die um uns herum aufgerichtet werden, und, wo wir es können in unserem Alltag und Lebensumfeld, mitzuhelfen, daß die Kreuze in Lebensbäume verwandelt werden. Auch wir Frauen der Wohlstandswelt tragen Frauenkreuze. Das Kreuz der Frauen in der Zweidrittelwelt sehen wir, aber wir müssen deshalb unsere Kreuze nicht verschweigen und verdrängen, weil sie uns klein und lächerlich vorkommen angesichts des Kreuzes Christi und des Kreuzes der Armen. Das Kreuz der Frauen bei uns ist subtil, oft nicht zu beweisen. Frauen werden in der Regel schlechter ausgebildet als Männer. Sie werden überfordert durch die Doppelbelastung als Familienfrau und Berufsfrau, oder sie haben Minderwertigkeitsgefühle als Nur-Hausfrau. Und immer diese Schuldgefühle! Wenn was mit den Kindern nicht so läuft, wie es die Ideale vorschreiben, machen sich Frauen Vorwürfe. Und wenn sie keine Kinder haben oder alt sind, sind sie auch defizitär, keine »richtigen« Frauen. Frauenkreuze machen wir Frauen uns auch gegenseitig. Wir können uns gegenseitig tiefer verletzen als Männer uns verletzen.

Wir wollen die Kreuze in Lebensbäume verwandeln. Auch die Kreuze unserer Schwestern im Wohlstand, unsere eigenen Kreuze. Wir machen die Augen auf, um die Kreuze zu sehen, und wir erfahren, daß der Blick auf das Kreuz Christi uns stärkt, so daß wir zu Senfkörnern werden. Wir sind fähig zur Lebendigkeit, wir wissen, was wahre Gerechtigkeit ist, wir sind Samen und keine Steinchen (Ernesto Cardenal, Das

Evangelium der Bauern von Solentiname, Wuppertal 1976, Bd. I, 200). Wir lieben den gekreuzigten Christus und wissen, sein Kreuz ist unser Lebensbaum.

3. Was ist das Kreuz?

DOROTHEE SÖLLE

Was ist das Kreuz?
Wo stehen unsere Kreuze?

Ein Armeebericht stellt fest: »Alle militärische Aktivität bringt zeitweilig Unannehmlichkeiten und Mißlichkeiten mit sich, aber *echte Angst* braucht niemand zu haben, der nichts von der Armee zu befürchten hat.« Dieses Kommuniqué stammt aus Guatemala und wurde nach einem Bombardement zweier Orte auf dem Land herausgegeben: alle Häuser wurden dem Erdboden gleichgemacht, 18 Zivilisten, elf davon Kinder, getötet, die Ernte verbrannt. »Echte Angst braucht niemand zu haben...«, sagen die Militärs.

Was ist das Kreuz?
Wo stehen unsere Kreuze?

Ich erwähne Guatemala, weil ich die Angst in den Augen meiner Schwester Julia Esquivel, Pfarrerin aus Guatemala, Flüchtling, die jetzt in Europa lebt, nicht aus dem Sinn bekomme: die Angst, nicht bei ihrem Volk zu sein, die Angst zu überleben, wenn ihre Leute gefoltert werden, und die Angst, hier bei uns nicht gehört zu werden, auch wenn wir alle laut mit ihr zusammen schreien.

Ich möchte heute zwei Schritte mit euch gehen. Der erste ist, das Kreuz *sehen*, der zweite, das Kreuz als den Baum des Lebens sehen.

Was ist das Kreuz? Wo steht es?

Sagt nicht, es gibt so viel Elend auf der Welt, so viele Länder mit schrecklichen Berichten, wir können es nicht mehr hören. Macht diese Quantifikationslügen der Männer nicht mit, meine Schwestern. Sagt niemals, es waren doch nur achtzehn, und woanders sind es mehr. Wiegt das Elend nicht gegeneinander auf wie ein Mensch, der aus seinem Kopf einen Fernseher gemacht hat und aus seinem Herzen ein Meßgerät.

Wiegt das Elend nicht auf, als müßtet ihr Profit daraus schlagen. Besteht auf den Einzelheiten – der Folter, der Bandenvergewaltigung, der verbrannten Erde. Besteht auf der konkreten Wahrheit: *heute* ermordete Präsident Reagan nicaraguanische Kinder. Sagt nicht »Afghanistan«, wenn euch das afghanische Volk nicht einmal eine Stunde Lesezeit wert ist. Hört mit dieser Gehirnschaukelei auf, bei der nichts herauskommt außer wie gut wir hier sind. Laßt euch das Mitleiden nicht ausreden von den Brutalos, die unsere Gehirnwaschanlagen bedienen.

Aber ist das unser Kreuz in Guatemala und Südafrika? Nein, es ist das Kreuz, das wir herrichten für andere. Wir finanzieren es, wir wählen es, wir haben ihm zugestimmt. Zumindest haben wir geschwiegen, als es aufgerichtet wurde und als unsere Schwestern und Brüder an es geschlagen wurden. Das Kreuz der Armen ist unser Kreuz, weil die reiche Welt die Armen aufs Kreuz legt, wie wir so richtig sagen; Ausbeutung und eine Wirtschaftsordnung, die immer mehr Hunger produziert, Folter und mehr Militär sind die Arme des Kreuzes.

Unsere Kultur lädt uns dazu ein, das Kreuz nicht zu sehen. Wir sollen in Apartheid leben, uns an schönen Stränden, Moden und Rezepten erfreuen – das lese ich aus den für Frauen gemachten Illustrierten heraus. Das Kreuz wird dann zu einem rein religiösen Symbol im kirchlichen Bereich verniedlicht: In Gold ruht es friedlich auf der Brust eines Bischofs, und auch wenn es eines Tages friedlich zwischen den Brüsten einer Bischöfin ruhen wird, so ist damit noch nicht viel gewonnen.

Das Kreuz ist aber nicht »etwas Religiöses«, es ist furchtbare blutige Realität. Es steht bei dem kleinen Mädchen, das von seinem Vater sexuell mißbraucht wird und jahrelang im Schweigen der Verleugnung lebt. Das Kreuz bedeutet die erbarmungslose Gewalt, die Menschen über Menschen ausüben, Starke über Schwache, Reiche über Arme, Gewandte über Ungeschickte, Männer über Frauen, Frauen über Kinder, Pflegerinnen über Kranke, Mächtige über Machtlose. Es ist die Gewalt, mit der das Militär uns unsere Erholungsgebiete wegnimmt und unsere Söhne zum Töten abrichtet. Sie umgibt uns, sie durchdringt unser Leben, und wenn wir diese Realität nicht wahrnehmen, wenn wir sie verleugnen, dann fangen wir an, uns selber nicht mehr richtig wahrzunehmen, wir verleugnen etwas in uns, und dieses Verleugnete, Vergessene, Verdrängte wächst und erstickt uns. Natürlich können wir auch in diesem erstickten Zustand weiter leben, aber wir haben dann etwas zerstört, was unsere Tradition den »Baum des Lebens« genannt hat. Und wer möchte wirklich ohne den Baum des Lebens atmen?

Ein altes Kirchenlied singt:

Baum der Schönheit, schönster Baum,
Deine Schande ist vergangen,
deine purpurfarbnen Zweige
rufen jetzt das Leben aus.

Wie ist das zugegangen? Wie kann aus dem Leiden, aus der Willkür, aus der erlittenen Gewalt der Baum des Lebens wachsen? Wie wird aus dem Folterinstrument der römischen Militärverwaltung ein Baum des Lebens?

Ich will euch eine Antwort nennen, die ich von Christen in Nicaragua gehört habe. Ich habe sie von Frauen meiner Generation und von Jüngeren immer wieder gehört. Patricia und Vidaluz und Luz Beatrix haben mir den Baum des Lebens gezeigt, wie er aus dem Kreuz wächst und blüht. Und Miguel D'Escoto, der Außenminister von Nicaragua, hat in einem 400 Kilometer langen Marsch durch das kleine Land in Gebet und Meditation zusammen mit vielen Tausenden gezeigt, was das Kreuz bedeutet.

Es ist, in einem Satz gesagt, die Antwort der Welt auf die, die versuchen, in Übereinstimmung mit dem Willen Gottes zu handeln. Gott will, daß wir alle wie Brüder und Schwestern auf der einen Erde leben, daß wir die Güter gerecht verteilen, so daß alle ihren Anteil bekommen. Die Antwort auf diese freiwillige Übereinstimmung mit dem Willen Gottes ist der Versuch der Mächtigen, die bestehende Ordnung in all ihrer Ungerechtigkeit aufrechtzuerhalten. Es gibt kaum ein Volk in unserer Zeit, das diese einfache christliche Wahrheit so durchlebt und durchleidet wie die Menschen in Nicaragua. Lehrerinnen auf dem Land, Leute, die eine Wasserleitung legen, Krankenschwestern und kirchliche Mitarbeiter *(delegados de la palabra)* stehen auf den Listen der Contrarevolution und werden als erste ermordet. Weil sie die Hungrigen speisen und die Kranken heilen, weil sie Schulen und Gesundheitsposten aufbauen, weil sie eine gerechtere Ordnung herstellen, darum werden Menschen in diesem kleinen Land von Söldnerbanden überfallen, vergewaltigt und ermordet.

Nicht als ob sie das Kreuz besonders liebten oder das Leiden verklärten. Ihre Erfahrung ist einfach die, die auch jede einzelne Frau bei uns machen kann, wenn auch nicht in derselben Klarheit, die ein gemeinsamer Prozeß gibt: Je weiter wir unser Herz öffnen für andere, je hörbarer wir eintreten für das Unrecht, das über uns herrscht, desto schwieriger wird unser Leben in der reichen Unrechtsgesellschaft.

»Ich kann mich nicht offen zur Friedensbewegung stellen«, sagen mir oft Frauen, gerade in kleinen Städten. »Ich kann es mir nicht leisten, sonst bin ich weg vom Fenster« – und doch leisten sich die Menschen die Güte und erlauben sich selbst das Stück Gerechtigkeit und Fürsorge für andere, ohne das wir nicht Menschen werden können.

Es gibt unter uns Menschen, die leisten sich die Wahrheit; sie treten für die Opfer der Gewalt ein; sie stiften Unruhe, während die Gewalt doch alles schön unter Kontrolle zu halten versucht. Es gehört eine große innere Freiheit dazu, das Leben zu wählen auch dann, wenn uns diese Wahl in

Schwierigkeiten und Unannehmlichkeiten, ja Leiden stürzt. Ich möchte etwas zum Lob dieser Freiheit sagen, weil ich glaube, daß wir das Kreuz mißverstehen, wenn wir es zu einem nekrophilen, todessüchtigen Symbol machen: Wir sind nicht krank am Kreuz, sondern wir sind frei, das Kreuz zu vermeiden in der Apartheid der Mittelklasse, oder es auf uns zu nehmen mit all den Schwierigkeiten, in die wir kommen, wenn wir uns ernsthaft engagieren. Auch Jesus war frei, bis zum Kreuz zu gehen: Er hätte friedlich in Galiläa bleiben können; seine Freunde haben ihm nahegelegt, das Kreuz zu vermeiden. Die Frauen, die ich in Nicaragua kenne, hätten alle nach Miami gehen können oder sich von der CIA anwerben lassen. Niemand zwingt sie, bei der Revolution zu bleiben, und Mitglieder ihrer Familien, meistens die Männer, sind in der Tat den Weg zu den Golfplätzen Miamis gegangen. Aber die Frauen bleiben und versuchen, den Willen Gottes zu tun, und dieser ursprüngliche Akt der Freiheit hat seinen Preis. Für sie ist das Kreuz ein Symbol der Liebe zum Leben in Gerechtigkeit, es drückt die Liebe zum gefährdeten, bedrohten Leben Gottes in unserer Welt aus.

Je mehr du in die Liebe hineinwächst, das ist die Botschaft Jesu, desto verletzlicher machst du dich. Du wirst einfach angreifbarer, wenn du sichtbar geworden bist oder wenn »das von Gott« in dir aufleuchtet. Wenn du dein Leben verteilst statt es zu horten, dann wird das große Licht in dir sichtbar. Zwar gehst du in Einsamkeit hinein, verlierst oft Freunde, einen Lebensstandard, einen Beruf oder eine sichere Karriere, aber zugleich veränderst du dich. Und das Kreuz, dieses Zeichen der Isolierung, der Schande, des Verlassenseins, wird in diesem Prozeß der Baum des Lebens, ohne den du gar nicht mehr sein magst. Das tote Marterholz fängt an zu grünen.

Und du weißt auf einmal, wo du hingehörst. Nicht zu denen, die schreien: »Die spinnen doch sowieso! Sind doch alles Kommunisten! Neutralisiert sie doch endlich.« Und nicht zu denen, die mit überlegenem, traurigen Lächeln erklären: »Wir haben einfach keine Alternative, was ist schon

Wahrheit, wir leben eben unter den Sachzwängen.« Und nicht zu den schönen Freunden Jesu, die einschlafen, wenn's drauf ankommt, die sich winden bis zum Geht-nicht-mehr oder die offen Verrat üben für 30 Silberlinge und eine höhere Gehaltsklasse. Nein, du gehörst an einen anderen Ort. Die Frauen damals blieben bei Jesus, sie standen »von fern« unter dem Kreuz.

Ich will hier bei dir stehen,
verachte mich doch nicht;
von dir will ich nicht gehen,
wenn dir das Herze bricht.

Die Frauen bleiben unter dem Kreuz, und sie sitzen heute in Greenham Common und in Mutlangen und im Hunsrück vor den Mordanlagen bei den Kreuzen. Sie erklären den Großhändlern und ihren einkaufenden Schwestern, wonach die Outspan-Apfelsinen aus Südafrika schmecken, nach Blut. Sie bewaffnen sich nicht, sie lassen sich nicht in Panzer stekken, sie haben schon Grund genug zum Weinen auch ohne Tränengas.

Ihr findet sie heute in der ganzen Welt, diese Frauen, die einfach genug haben von Hunger, Militär und Geschäften auf Kosten unserer Mutter, der Erde; diese Frauen, denen die Gerechtigkeit wichtiger ist als ihre Fingernägel, die das Leben wählen angesichts der fantastischen Angebote, die der Tod macht: der Aufstiegstod, der Autotod, der Schweigetod, in dem wir ersticken.

Und das Leben wählen heißt, das Kreuz zu umarmen. Es heißt, das Kreuz, die Schwierigkeiten, die Erfolglosigkeit, die Angst, allein dazustehen, in Kauf zu nehmen. Wir haben euch nie einen Rosengarten versprochen, liebe Schwestern. Das Kreuz umarmen heißt heute, in den Widerstand hineinzuwachsen. Und das Kreuz wird grünen und blühen. Wir überlieben das Kreuz. Wir wachsen im Leiden. Wir *sind* der Baum des Lebens.

4. Kreuz und Baum des Lebens

BÄRBEL VON WARTENBERG-POTTER

Die grünende Seite des Kreuzes ist es, über die ich sprechen will, das heißt über Ostern. Kreuz und Auferstehung wurden in unserer theologischen Tradition auseinandergerissen und damit die Dialektik von Tod und Liebe zerstört. In unseren Kirchen wissen wir gar nicht, was für ein wunderbares Fest Ostern sein kann, für die Menschen in den orthodoxen Kirchen Osteuropas zum Beispiel, die, trotz vieler Kreuze, die sie erlitten haben, sich in der Osternacht in überschwenglicher Freude in die Arme fallen. Oder in den Basisgemeinden Lateinamerikas, wo Ostern die Quelle der Kraft ist, dem Bösen den Kampf anzusagen. Von dort kommt dieses kleine Gedicht, das Kreuz und Auferstehung in ein uns eigenes Frauen-Bild übersetzt:

»O Gott, unser Land gebiert nun ein Kind
in Schmerz und Blut...
die Abende sind voller Tränen und voller Hoffen,
daß das Kind ohne Haß, in Liebe, geboren werde.
Schwanger geht mein Land in dieser Nacht voller Wehen,
und es hofft, daß das Morgenlicht einen neuen Menschen
gebäre« (E. ANGELELLI).

Auferstehung ist der Aufstand Gottes für das Leben, an dem wir teilnehmen können:

»Manchmal stehen wir auf,
stehen wir zur Auferstehung auf
mitten am Tage
mit unserem lebendigen Haar,
mit unserer atmenden Haut« (M. L. KASCHNITZ).

Diejenigen, die in der Auslegung der Bibel den befreienden Charakter von Kreuz und Auferstehung nicht zu sagen wissen, sondern nur von Opfer reden, predigen nicht das ganze Evangelium. Das unpolitisch-spiritualisierte Kreuzes-Symbol ist so gefährlich mißbrauchbar. Das an historische Umstände gebundene Kreuz hat einen starken Schutz gegen die schlimme Willkür der Ausleger, die die kreuzeskritischen Frauen zu Recht entlarven. Zugegeben – wir sind alle unterwegs zu neuem Verstehen. Die alternativen religiösen Symbole, die Frauen heute aus der Natur und der Göttinnen-Mythologie schöpfen, haben ihre eigene Kraft und bringen uns am Ende des vielleicht letzten Jahrtausends zum Bewußtsein, daß die weibliche Seite nicht ungestraft aus der religiösen Symbolik vertrieben wurde. Aber diese Symbole haben die mythologisch-religiöse Ebene bisher nicht verlassen, sie sind auf vieldeutig unkonkretem und unhistorischem Boden gewachsen. Gerade aus der Kritik des Kreuzes können wir lernen, daß es keine gleichbleibenden Wahrheiten geben kann, die nicht immer schon ihren Mißbrauch in sich tragen. Die Wahrheit ist konkret – und wir müssen uns entscheiden, nicht, ob wir ein frommes Kreuz verehren oder es wegwerfen wollen, sondern ob wir bereit sind, unser Leben für die Freunde/Freundinnen einzusetzen, die unseres riskanten Einsatzes bedürfen. Wir brauchen lebenserhellende Symbole, aber wir müssen sie schützen, indem wir sie in konkreten geschichtlichen Boden pflanzen, mitten unter die Armen, die Frauen, die Entrechteten, die bedrohte Schöpfung. Dort mögen sie ihren Mutterboden haben und wachsen.

Das Kreuz ist das Trotzalledem-Symbol derer, die durch finstere Täler wandern müssen und dabei an Gott festhalten. Es ist das Symbol jener, deren Herz im Dunkel der Schrecken zu großer Wahrheits- und Liebesfähigkeit wächst. Von den Osterhöhen, dem Überwinden, nicht dem Vermeiden des Bösen, erhält das Tal, das Durch- und Standhalten, seinen eindeutigen Sinn. Denn das Böse behält nicht das letzte Wort, auch wenn Maria Magdalena Enriques, Menschenrechts-kämpferin aus El Salvador, Sophie Scholl und viele andere tot sind. Neue Menschen treten gestärkt in ihre Fußstapfen, um sich auf den Weg zu machen, das Leben inniger und radikaler zu lieben. Wenn wir ein großes Ziel gewählt haben, die Gerechtigkeit Gottes, warum sollten wir dafür keine Opfer bringen wollen? In die befreiende Tradition des Christentums eintreten heißt, das Kreuz als den Baum des Lebens sehen lernen, weil es uns zeigt, wie aus Bösem Gutes wachsen kann, »warme, glückliche Früchte« (Rilke) der Liebe. Kreuz und Lebensbaum trennen heißt nur, den alten untauglichen Dualismus fortsetzen. Was versteht der Lebensbaum allein vom Schmerz, was das Kreuz allein von der Freude?

Vor einiger Zeit bekam ich ein Hugenottenkreuz geschenkt. Es ist ein sternenförmiges Kreuz in einem Kranz aus dornigen Rosen (so sehe ich es), an dem spielerisch eine Taube hängt: Geistin-Leben-Frieden-Schöpfung. Ich trage es gern, ich, die sonst nie ein Kreuz tragen wollte, dieses Kreuz verfolgter Christen. Es ist mir ein befreiendes, lebensspendendes Symbol, das das Leiden und den Tod nicht ausspart. Wir müssen solche Bilder der christlichen Tradition neu auffinden.

Die alte Theologie, die immer noch im Zeichen des Kreuzes siegen will, wie Konstantin im fünften Jahrhundert, indem sie andere zu Opfern macht und zu Opfern zwingt, die auf Allmacht und Herrschen aus ist, hat kein befreiendes Evangelium, für niemanden.

Dies können wir verstehen: Tal und Hügel sind kein Entweder-Oder. Nacht und Tag sind keine Alternativen. Als Christin glaube ich darüber hinaus, daß auch Karfreitag-Nächte und Oster-Morgen keine Alternativen sind. Wir können das Gute nur lieben, wenn wir wissen, wie bedroht es ist vom Bösen, in uns selbst und in der Welt. Wir können für das Leben nur kämpfen, wenn wir glauben, daß es stärker ist als unser eigener Tod und unsere Destruktion. Was uns zu Christen macht, ist der unbeirrte Glaube, daß aus Tälern Hügel werden können, aus Nächten Tage, aus Feinden Freunde, aus Bösem Gutes, daß aus dem Kreuz neues Leben grünt – weil Gott uns dazu fähig macht, solche Wunder in der Tiefe unseres Herzens zu vollbringen.

5. Kreuz und Rosen

DOROTHEE SÖLLE

Die Tradition hat uns keinen Rosengarten versprochen, keinen Rückzug ins private Heim oder auf die Insel, von der wir manchmal träumen. Aber sie hat uns nicht ohne Rosen gelassen. Frauen aus der mystischen Tradition des Mittelalters und einige Männer, darunter Martin Luther, haben im Kreuz eine Rose blühen sehen; sie haben verstanden, daß Lieben, Leiden und In-Gott-Hineinwachsen zusammengehören. Die Rose war ihnen ein Erkennungszeichen dafür, daß der Baum des Lebens blüht.

»Die Rose welche hier dein äußres Auge sieht
Die hat von Ewigkeit in Gott also geblüht«
(ANGELUS SILESIUS).

Und eben das wollen wir heute miteinander feiern. Wir sagen ja zur Liebe, zur großen Liebe für die Gerechtigkeit – und bejahen zugleich unsere eigene Verwundbarkeit. Indem wir ja zum Kreuz sagen, wird es der Baum des Lebens, und wir sind in ihm. Wir nehmen die Schwierigkeiten und Ängste, die es mit sich bringt, Christin zu werden in der reichen Unrechtsgesellschaft, in Kauf. Wenn die Entgiftung unserer Flüsse nicht nur für die Industriebosse, sondern für uns alle mehr kostet, dann sagen wir ja. Wenn Industrieaufträge zurückgehen, weil immer mehr Menschen es nicht ertragen, daß deutsche Waffen, deutsches Geld weitermorden in der Welt, dann sagen wir ja zu dieser friedlichen Einschränkung. Wenn unsere Kinder dafür bestraft werden, daß sie nicht Soldat oder Soldatin werden wollen, wenn sie der Vorteile, die die Militarisierung auch für die einzelnen mit sich bringt, verlustig gehen, dann sind wir stolz und stehen zu ihnen. Wenn wir Schwierigkeiten im Kollegenkreis und in der Familie, auch in Ehe und Partnerschaft bekommen, dann fürchten wir uns nicht so sehr. Die große Maschine der Staatsgewalt, die Giganten der chemischen Industrie, die jeden Protest einschüchternde Bürokratie – sie verbünden sich nur zu gern mit einer hämischen Stimme in uns selber, die sagt: Wer bist *du* schon! Was willst *du* denn ändern! *Dich* nimmt doch sowieso keiner ernst!

Es gibt einen frauenspezifischen Zynismus, eine Stimme der Weinerlichkeit und des Selbstmitleids, die uns vom Widerstand abhalten will. Aber wir schicken diese Stimme fort, wir bewegen uns vom Ich zum Wir, vom Kreuz zum Baum. Als das Mädchen Maria durch den Dornwald ging, haben die Rosen zu blühen angefangen. Und überlegt einmal in eurer ganz persönlichen Erfahrung: Habt ihr es nicht auch schon erlebt? Stark sein und verletzlich bleiben schließen sich nicht aus. Wir, miteinander auf dem Weg, sind stärker – und die weiße Rose der Sophie Scholl aus der finstersten Zeit unseres Landes blüht auch für uns.

6. Das Abendmahl – ein Hoffnungsfest
Luise Schottroff

Ich möchte vom Abendmahl der ersten Christinnen und Christen erzählen. Mancher Brauch und Mißbrauch hat sich im Lauf der Geschichte und heute mit dem Abendmahl verknüpft. Ich zitiere die Meinungsäußerung eines Jugendlichen zum Abendmahl, die auch meine eigene Erfahrung ausdrückt:

»Bei dem Wort ›Abendmahl‹ fällt mir sofort das Abendmahl in unserer Kirche ein. Ernste Gesichter, steife Haltung. Angst, etwas falsch zu machen. Einzelkelch und Oblate – alles völlig hygienisch, völlig steril...«[1]

Ich habe aber vor allem in den letzten Jahren auch ganz andere Abendmahle erlebt, wo es richtiges Brot gab und man

1 Tagungsgruppe, Zeichen einer neuen Welt. Abendmahl als Thema des RU, in: Forum Religion 4/1986, 19.

sich traute, zu sprechen und zu essen und gar miteinander zu lachen; aber diese andere Tradition, die so furchteinflößend ist, belastet uns alle immer noch. In der Nummer der TAZ (»tageszeitung«, Berlin) zu Karfreitag 1987 war kurz auf das Abendmahl angespielt: »das ist mein Leib« und dann ohne verbindenden Kommentar ein ethnologischer Artikel über Menschenfresserei gedruckt. Es ist ein alter Vorwurf, der schon aus dem 3. Jahrhundert bekannt ist: »Das ist ... absurder als jede Absurdität und viehischer als alles, was es beim Vieh gibt, daß ein Mensch von menschlichem Fleische ißt und das Blut trinkt von solchen, die vom selben Stamm und Geschlecht sind, und daß er dadurch das ewige Leben erwirbt.«[2] Ich habe mich über die TAZ zu Karfreitag sehr geärgert, weil sie nicht einmal den Versuch machte, die historische Wahrheit des Abendmahles zu verstehen, und nur unbeteiligte Kirchenkritik von außen verkörpern konnte. Aber ich nehme diese Kritik ernst, weil ich weiß, daß viele Christinnen und Christen, auch protestantische, unter dieser Assoziation leiden, das Brot könne tatsächlich der Leib Christi sein. Überhaupt – diese ganze Verbindung von Sakrament, Heiligkeit und Angst!

Ich will vom Abendmahl der ersten Christinnen und Christen erzählen, weil uns ihr Abendmahl befreien kann von den Verzerrungen der Tradition und uns außerdem helfen kann beim Erleben der Hoffnung und beim Feiern der Hoffnung.

Damals war das so:

Die Christinnen und Christen feierten das jüdische Sabbatfest und andere jüdische Feste in der Gemeinschaft der *Ekklesia*, nicht mehr in der Familie. Die Familien gingen, sofern sie sich in Sachen des christlichen Glaubens einig waren, mit in die Gemeindeversammlung und zu den Festmahlzeiten. Diese Gemeindeversammlungen fanden in den Wohnungen einzelner Mitglieder statt und waren nicht groß, vielleicht zwanzig

---

2 Porphyrios, *Gegen die Christen*, rekonstruiert von Adolf Harnack (Abh. Akad. Berlin) 1916, Nr. 69, 88.

Personen. Oft war eine Frau die Wohnungsgeberin und Gastgeberin, Lydia z. B. oder Phöbe. Der Sabbat und die anderen Feste wurden in der jüdischen Tradition gefeiert: viele der christlichen Frauen und Männer waren Jüdinnen und Juden oder Sympathisanten der jüdischen Religion. Erst im 2. Jahrhundert wurde die Trennung von Christentum und Judentum vollzogen und der Sabbat nicht mehr gefeiert. Die christliche Sabbatfeier des Anfangs war im wesentlichen die jüdische Sabbatfeier (oder Passahfeier), allerdings war an zwei Stellen die Festmahlgestaltung verändert worden durch die symbolische Vergegenwärtigung Christi beim Brotbrechen und nach dem Bechersegen am Schluß der Mahlzeit. Das Festmahl begann mit dem Dankgebet, der Eucharistie, durch die die Speise geweiht wurde. Die Gastgeberin oder der Gastgeber nimmt das Brot in die Hand und betet: »Gepriesen sei Gott, der König der Welt, der Brot aus der Erde hervorgehen läßt.«[3] Alle Gäste antworten »Amen« zum Zeichen, daß der Lobspruch in ihrem Sinne sei. Mit diesem Segensspruch war alles geweiht, was zum Brot gegessen wurde, Gemüse und Eier und was es sonst so gab. Der Segen bewirkte, daß das Essen ganz in die Sphäre Gottes eingebettet war. Gott läßt Brot aus der Erde hervorgehen, Gott läßt Menschen leben. Wenn wir vor seinem Angesicht essen, feiern wir, daß wir Gottes Geschöpfe sind und das Essen unsere Lebendigkeit ausdrückt.

Wenn das Gebet verklungen war, dann brach die christliche Gastgeberin (daß auch Männer Gastgeber waren, habe ich hier einmal weggelassen) das Brot, wie es im jüdischen Hause Sitte war, und verteilte es unter die Gäste. Aber nun

---

3 Berachot 6,1; vgl. Billerbeck IV 621; eine andere Rekonstruktion des Bechersegens bei Max Thurian, L'Eucharistie, Neuchâtel/Paris 1959, 181f. Kurze Information über das urchristliche Abendmahl und die Frage, ob Jesu Abschiedsmahl ein Passahmahl war, bei Leonhard Goppelt, Theologie des Neuen Testaments, Göttingen ³1978, 261–270. Zu den Festmahlbräuchen vgl. besonders Samuel Krauss, Talmudische Archäologie Bd. 3, Leipzig 1912 (Nachdruck Hildesheim 1966), 26–63.

war das Ritual seit Jesu Tod verändert. Bei der Verteilung sprach die Gastgeberin: Jesus hat bei dem Abendmahl vor seiner Verhaftung bei der Brotverteilung gesagt: »Das ist mein Leib, er wird für euch dahingegeben. Tut dies zu meinem Gedächtnis« (1. Korinther 11,24). Alle festlichen Mahle, Sabbatfeier, Passahmahl und andere festliche Mahlzeiten, sollten Gedächtnismahle für Jesu Tod sein. Indem das Brot gebrochen und verteilt wurde, wurde symbolisch der Tod Jesu und seine Bedeutung vergegenwärtigt. Jesus ist bewußt in die Konfrontation mit den römischen Instanzen in Jerusalem und Palästina gegangen. Er hat sich in die Tradition der jüdischen Märtyrerinnen und Märtyrer gestellt. Das jüdische Volk hatte schon damals eine lange Unterdrückungsgeschichte. Die Leiber der Märtyrer und Märtyrerinnen waren die Spur des Widerstandes dieses Volkes, denn nur so konnte Widerstand ausgedrückt werden: in der leiblichen Konfrontation mit der Gewalt der Ausbeuter. Sich an die Märtyrer zu erinnern ist Ausdruck der Hoffnung, daß die Gewalt der Mächtigen nicht siegt, sondern ein Ende haben wird. Die Erinnerung an die Märtyrer und Märtyrerinnen stellt die Mächtigen in Frage. Jedes christliche Abendmahl bezeugt mit seiner Erinnerung an den Tod Jesu, daß dieser Tod der Anfang des Lebens war. Nicht die Römer haben das Leben und das Recht auf ihrer Seite, sondern Jesus und die vielen Märtyrerinnen und Märtyrer unserer Tage, die denselben Weg gehen und an die wir uns erinnern, wenn wir Jesu Abendmahl feiern. Nicht die kapitalistische Unterdrückungsmaschine mit ungerechten Preisen, militärischer Macht, Atomraketen und Arbeitslosigkeit hat das Recht auf ihrer Seite. Im Gegenteil: Sie tötet, und wir erinnern uns ihrer Opfer. Ich erinnere mich an den Tod Jesu und an den Tod der hingerichteten ANC-Mitglieder in Südafrika. Erinnerung an die Märtyrer ist Aufstand gegen die Gewalt. Auch wir erfahren in der Bundesrepublik immer schmerzlicher die Gewalt einer skrupellosen Regierung. Wir erinnern uns an den Tod Jesu, der das Tor zum Leben ist für uns alle.

Wir brechen das Brot und teilen es aus, und das Brotbrechen erinnert uns an den zerbrochenen Leib der Gefolterten damals und heute, deren Tod für uns Zeichen des Lebens ist, Grund zur Hoffnung, Ermutigung zur Wahrheit.

Indem die Erinnerung an den Tod Jesu mit dem Austeilen des Brotes verbunden wird, wird Gemeinschaft zwischen uns hergestellt. Paulus sagt: »Das Brot, das wir brechen, ist es nicht die Gemeinschaft des Leibes Christi?« (1. Korinther 10,16). Wir Christinnen und Christen werden zusammengebracht zu einem Leib, dem Leib Christi. Es ist so schwer, in unserer Gesellschaft aus der Vereinzelung herauszukommen. Indem wir das Brot brechen und verteilen, wird uns eine Gemeinschaft geschenkt, die wir aus vereinzelter Anstrengung heraus niemals schaffen können. Unserer Liebe ist oft nicht zu trauen. Deshalb lieben wir uns untereinander mit der Liebe Gottes. Das Sakrament gibt uns Kraft zur Liebe, die wir nicht haben oder nur manchmal haben. Wir lieben uns untereinander mit der Liebe Gottes, wir sind Glieder am Leibe Christi.

Nach dem Brotbrechen wurde damals bei unseren Vätern und Müttern gegessen. Es begann die eigentliche Mahlzeit mit Kräutern, Gemüse, Eiern, manchmal auch Fleisch. Beim Essen wurde fröhlich geredet und gelacht, denn das gebrochene Brot hatte ja Liebe geweckt und Hoffnung auf Leben geschaffen. Es waren eben Mahlzeiten, wo alle versuchten, sie so schön wie möglich zu gestalten. Die Christinnen und Christen waren unter sich. Sonst – bei ihren Gottesdiensten z. B. – waren ihre Versammlungen offen für Neugierige oder Außenstehende. Sie sollten sehen und hören, was Jesus bedeutet, und vielleicht gewonnen werden. Aber beim festlichen Abendmahl sollten nur solche teilnehmen, die die christliche Botschaft für wahr halten, getauft sind und nach den Weisungen Christi leben (Justin, Apol. I 66). Diese Exklusivität stört, wirkt befremdlich, weil wir unsere beängstigenden Ausgrenzungen assoziieren: Du bist nicht würdig, oder die kirchenrechtliche Einschränkung: Nur Getaufte sind zum

Abendmahl zugelassen. Aber damals hatte diese Exklusivität eine völlig andere Funktion. Die Exklusivität bedeutete, daß diejenigen, die im Namen Christi zusammenkommen und sich inhaltlich einig sind, auch ein Fest brauchen, bei dem sie miteinander allein sind und wo sie gestärkt werden. Damals waren Christen inhaltlich viel näher beieinander als heute, wo viele Christen und Christinnen immer noch meinen, das Evangelium stelle sie an die Seite der Herrscher im Staat, oft sogar wenn sie Apartheid vertreten. Ich kann das Abendmahl heute nicht unbesehen in *jeder* Gemeinschaft feiern, die sich christlich nennt. Ich brauche ein Minimum auch inhaltlicher Übereinstimmung in existentiellen Fragen, sonst kommt mir die Gemeinschaft unaufrichtig vor. Es gibt christliche Versammlungen in unserer Gesellschaft, an deren Abendmahl ich nicht teilnehmen kann ohne das bedrohliche Gefühl: Wenn die wüßten, daß ich Atomraketen grundsätzlich ablehne, würden sie mich mit Hinterrücks-Methoden bekämpfen. Glücklicherweise gibt es viele christliche Versammlungen in unserer Gesellschaft, an denen ich voller Vertrauen teilnehmen kann. Die fröhliche Mahlzeit miteinander nach dem Erinnerungswort an den Tod Jesu ist auch Ausdruck des Vertrauens zueinander. Deswegen muß über die inhaltlichen Fragen, über die Ausbeutung, die Volkszählung, die Raketen, über Frauenrolle und Gentechnologie unter uns Christen gesprochen und gestritten werden, damit wir Vertrauen haben können und um uns werben können, wenn wir uneinig sind.

Das fröhliche Essen beim Abendmahl ist irgendwann in den ersten Jahrhunderten abgeschafft worden. Dadurch wurde das Sakrament beängstigend und steril.

Nach dem Essen sollte getrunken werden. Nach jüdischer Sitte wurde der erste Becher Wein gesegnet: »Gepriesen sei Gott, der König der Welt, der die Frucht des Weinstocks schafft.« Der Becher – meines Wissens hatte jeder Gast einen eigenen Becher – wurde dann beim christlichen Abendmahl auch zum Symbol der Erinnerung an Jesu Tod. Es wurde an Jesu Wort vor seiner Verhaftung erinnert: »Dieser Becher ist der neue Bund durch mein Blut. Dieses tut, so oft ihr trinkt, zu meinem Gedächtnis.« Christi Blut ist nicht vergeblich vergossen worden, seine Hinrichtung am Kreuz durch die Römer war nicht sein Ende, sondern Beginn der Königsherrschaft Gottes. Gott hat einen neuen Bund verheißen, einen Neuanfang mit seinem Volk, den Juden. Wir Heiden sollten nun auch mitmachen dürfen bei dem neuen Bund. Der neue Bund ist damals von Gott angefangen worden. Fertig ist er immer noch nicht. Wir warten noch auf die Königsherrschaft Gottes. Wir warten noch darauf, daß Menschen nicht mehr gefoltert und getötet werden wie Jesus. Wir warten darauf, daß Jesu Auferstehung die ganze Welt verändert. Wir warten auf das Erscheinen der Wahrheit und das Ende der Lügen. Wir warten darauf, daß die Behutsamkeit, das Leben zu schützen, die Welt regiert und nicht der Profit und seine rücksichtslose Gier. Paulus sagt: »So oft ihr dieses Brot eßt und diesen Kelch trinkt, verkündet ihr den Tod des Herrn, bis er kommt.« Das Abendmahl ist ein Fest der Auferstehung, der Hoffnung und der Sehnsucht. »Maranatha« haben sie damals gerufen, »unser Herr (Jesus Christus) komm (endlich)« (1. Korinther 16,21; Didache 10,6). Das aramäische Wort *Maranatha* wurde auch den griechisch Sprechenden zum Sehnsuchtsruf. Wir warten auf das Erscheinen der Wahrheit und den Sieg des Lebens in einer Welt des Todes. Maranatha.

7. Brot des Lebens

Bärbel von Wartenberg-Potter

Vom Brot lernen

Im Abendmahl teilen wir Brot und Wein aus. Brot ist eine Grundnahrung für die Menschen in unserem Kulturkreis. Bei dem Wort »Brot« kommt eine tiefe Saite in uns zum Schwingen, die mehr anrührt als nur das physische Essen. Brot brauchen wir zum Leben, mehr als Kuchen, Wurst und Kartoffeln. Menschen backen heute wieder ihr eigenes Brot. Brauchen sie nicht nur das Brot, sondern auch das Brot-Backen zum Leben? Warum nehmen sich vielbeschäftigte Frauen und Männer die Zeit, Brot zu backen? Wessen wollen sie sich versichern? Es scheint, als könnte dieses Brot-Backen einen Sinn, etwas Wahres, Reales in unser Leben bringen. Uns Spätgeborene heute bindet dieses Brot-Backen, das Kneten, Formen, Warten, Riechen und Schmecken an etwas Ursprüngliches, Ganzes, das wie verloren ist. Es ist mehr als eine nostalgische Mode.

Wir backen unsere ganze Liebe, unsere Hoffnung und unser Vertrauen zum Leben in diese Brote. Wir schenken sie uns gegenseitig. Es ist wie ein heimlicher Bundesschluß, den wir Gott vorschlagen: Solange Brot gebacken wird... soll nicht aufhören Saat und Ernte, Frost und Hitze, Sommer und Winter, Tag und Nacht. Brot-Backen ist Widerstand gegen die tägliche Entfremdung, die wir durchleiden. Brot-Backen ist Protest gegen die Entleerung unseres Lebens von allem Schöpferischen. »Gott, Du bist eine Bäckerin«, betete eine Frau, als sie das entdeckte. Wir backen wie um unser Leben... Brot des Lebens. Auf der Suche nach Ganzheit, nach Gott, essen wir nicht nur Brot, sondern wir wollen es auch erschaffen. Wir wollen beteiligt sein an der Herstellung des Sinnes unseres Lebens. Wir wollen Gottes Wirklichkeit mit Händen greifen.

Das Weizenkorn fällt in die Erde und stirbt.

Jesus sagt: »Wenn das Weizenkorn nicht in die Erde fällt und stirbt, bleibt es allein; wenn es aber stirbt, trägt es viel Frucht.«

Das Weizenkorn wird in die Erde geworfen. Menschen treffen Vorsorge für ihr Leben. Es geschieht nicht wie von selbst. Jemand will Brot haben und sät deshalb Korn. Das Korn fällt in die Erde und stirbt.

Die Mutter Erde beginnt ihr lebensschaffendes Werk. Im Geheimnis ihres Schoßes wird aus dem Sterben des Kornes das Leben für viele. Der Halm wächst ans Licht und trägt viel Frucht. Dies, sagt Jesus, ist das Geheimnis des Reiches Gottes. Wieso? Das menschliche Leben ist ja nicht einfach nur naturhaftes Schicksal. Wir sind nicht einfach ins Leben geworfen. Im Menschenleben gibt es Wille, Wahlmöglichkeit, Entscheidung. Und doch sollen wir vom Weizenkorn, dem Geworfenen, lernen. Mehr denn je brauchen wir heute die Lehren aus der Natur. Wir können am Weizenkorn verstehen lernen, daß das Leben nicht ohne den Tod auskommt und daß wir deshalb willentlich den Weg des Weizenkorns gehen können. Es gibt Tode, die die Welt menschlicher und würdiger hinterlassen. Das Weizenkorn entscheidet sein Schicksal nicht selbst. Wir aber können und müssen entscheiden, was wir mit unserem Leben tun. Wir können es für etwas Großes einsetzen, ja riskieren. Denn Leben um jeden Preis, auf Kosten anderer, ist das höchste Ziel nicht. Sterben, damit andere leben können, ist das Schlimmste nicht. Dies ist die Botschaft aller Märtyrer, im alten Rom, in El Salvador, in Südafrika. Jesu Tod war nicht das schicksallose »Stirb und Werde« des Weizenkorns. Er lebte nicht vor sich hin und starb nicht schicksalergeben. Er lebte und starb für ein freigewähltes Ziel: das Reich Gottes. Sein gewaltsamer Tod war ein Protest gegen das Kreuz, an dem er hing, und gegen alle Kreuze der Menschheit. Dies ist die historische Verwirklichung des Beispiels vom Weizenkorn. Und Menschen glaubten diesem Tod und schufen eine Protestbewegung für das Leben. Sie schufen eine Weizenkornbewegung. So zeichnete Jesus eine unverwüstliche Spur in die Geschichte der Menschheit.

Gott ist Brot

Gott ist Brot. Schmeckt und seht, wie freundlich Gott ist. Durch die Hände von Menschen kommt Gott zu uns, denn Gott ist Brot. Aber nicht nur einfach nur Brot, das ich gedankenlos esse. Gott ist gesegnetes, geteiltes, verschenktes Brot, Brot für alle. Gott ist nicht im selbstsüchtig ungeteilten Brot. Wir essen zu viel von diesem ungeteilten Brot, auf dem kein Segen liegt. Deshalb herrscht ein solcher Mangel an wahrer Gottes-Begegnung in unserer reichen Welt.

Das Brot wird gesegnet. Im Segen ist die Erinnerung an alle, die für das Brot arbeiten, an die Erde, in der das Weizenkorn stirbt, an Gott, die das Brot wachsen läßt, an Jesus, der sich selber ganz veraus-gabte für die Menschen. Der Segen macht aus der irdischen Speise Brot des Lebens, gibt dem irdischen Brot seine geistliche Bestimmung. Jedes Wort aus dem Munde Gottes öffnet unsere Augen dafür, daß nur geteiltes gesegnetes Brot unserem Leben Sinn gibt und uns herausreißt aus der Leere, der Not und Verzweiflung der reichen Welt. Nur so wird uns die Freude des Teilens zuteil, nur so das Glück derer, die geben können. Das irdische und das geistliche Brot sind nicht zwei verschiedene Brote. In einer einzigen Handvoll Brot kann der Weg und das Ziel unseres Lebens enthalten sein, wenn wir neue Augen haben, es zu sehen. Wir teilen das Brot und den Wein in Erinnerung an Jesus, der sein Leben für Gottes Schalom verwendete. Er hat die menschliche Kette begonnen, in die wir eintreten bei diesem Mahl; empfangen und weitergeben von Vergeben, Neuanfang, der sich im Teilen des Essens ausdrückt; es ist die Wiederherstellung von gottes-würdigen Beziehungen unter den Menschen. Die Kette, die Gott zur Rettung der Welt um sie geschlungen hat, sollen wir nicht unterbrechen, nicht an einem einzigen Glied. Sie kann die Welt sonst nicht halten. Wir sind Teil des göttlichen Planes vom guten ewigen Leben, dessen Symbol ein Essenstisch ist, an dem alle Menschen Brot und Wein, Nahrung und Sinn für ihr Leben, ihr leiblich-geistliches Wohl- und Heilsein erhalten.

Brot und Wein, gefüllt mit Gedächtnis, sind Gottes Symbole einer geheilten Welt. Wie konnten wir Christen nur so lange im Angesicht des Welthungers Abendmahle feiern, ohne unsere Tische augenblicklich für die Armen zu öffnen?

Die spiritualisierte Symbolik durchdringt und gestaltet die Wirklichkeit nicht. Das Abendmahl ist aber das Sakrament mit der ungeheuren Kraft, dem Welthunger und der Habgier der Menschen etwas entgegenzusetzen, ja mehr noch: ihnen ein Ende zu setzen. Das Abendmahl ist die eindeutige, provozierende Form der gerechten Verteilung der Güter, denn es ist das Symbol des selbstlosen Teilens.

So laßt uns denn das Abendmahl befreien aus den Fesseln seiner frommen Wirklichkeitsferne, aus den Streitereien des 16. Jahrhunderts, aus dem erstarrten Ritual, damit es seine weltverändernde Kraft entfalten kann.

Am Tische Gottes essen heißt, an eine Welt ohne Hunger und Bomben glauben, an die Fähigkeit der Menschen zum Teilen, zum Umverteilen der Güter. Am Tische Gottes essen heißt, glauben, daß Menschen einander Brot des Lebens werden können, werden wollen, Leib und Seele füreinander hingeben, sich füreinander verausgaben, Frau und Mann, Schwester und Bruder, Schwester und Schwester, Freund und Feind. Am Tische Gottes essen heißt, an Buße und Neuanfang glauben. Am Baum des Lebens grünen neue Zweige, er wächst, wird stark und unzerstörbar. Am Tische Gottes essen heißt, stark werden, freudig und frei zum Leben, zum notwendenden Teilen. Denn Gott ist geteiltes Brot, geteilter Wein. Gott ist auch mehr, aber niemals weniger. Gott ist auch anders, aber niemals ohne die Zeichen des Teilens.

Gott ist Brot. So laßt uns vom Brot lernen.

8. Kämpfen und Feiern

Dorothee Sölle

Erinnert euch an die Geschichte vom Paradies. Dort gab es einmal zwei Bäume, den der Erkenntnis des Guten und Bösen, von dem Adam und Eva aßen, und den des Lebens, den Gott ihnen vorenthielt, so daß sie nicht an ihn kamen und, aus dem Garten vertrieben, immer Heimweh nach diesem Baum hatten. Vielleicht haben wir alle eine lange Zeit nur vom Baum der Erkenntnis gegessen und haben den Baum des Lebens darüber vergessen – und unser Heimweh so leise gemacht, daß es nur noch eine winzige Stimme in uns war. In Christus, so sagt die Tradition, kommt der Baum des Lebens, der weit fort von uns im Paradies stand, wieder zu uns.

Baum der Schönheit, schönster Baum,
deine purpurfarbnen Zweige
laden jetzt das Leben ein.

Wir behalten die blutige Realität der historischen Kämpfe, von denen Luise gesprochen hat, im Kopf. Und wir lernen vom Brot, wie Bärbel gesagt hat.

Und wer will denn da noch behaupten, beides ginge nicht zusammen, das Kämpfen und das Feiern, das Weinen und das Lachen, das Kreuz und die Rosen, der Baum des Lebens und das Brot des Lebens, die Gewaltfreiheit Jesu und unsere gute Power ohne Waffen und ohne Hierarchie? Wer will denn da nicht kommen und sagen: Ja, was wollen die Frauen denn eigentlich, wo es doch so sichtbar ist in dir und in mir und in uns allen, daß wir das Brot des Lebens teilen wollen, jetzt und hier und morgen und von nun an.

9. Abendmahlsliturgie
Bärbel von Wartenberg-Potter

»In der Nacht, da er verraten ward . . .«

Wir sind alle daran beteiligt.
Wir kennen die groben und feinen Formen
des Verrats:
einschlafen, wenn eine oder einer

ums Leben ringt;
schweigen, wo es gilt, Farbe zu bekennen;
weglaufen, wo Zusammenhalt nötig wäre;
reden, wo wir handeln sollten.
»Ich kenne diesen Menschen nicht...«
so sagen wir oft,
»ich habe nichts mit ihnen zu schaffen,
nichts mit den Armen, nichts mit den Frauen,
nichts mit den Opfern.«

Alle:
Gott, vergib uns unseren Verrat
an den Armen, an den Reichen,
an den Frauen, an den Männern,
an den Opfern, an allen, denen wir
unsere liebende, kritische Kraft verweigern.

»In der Nacht, da er verraten ward
und mit seinen Jüngern zu Tische saß...«

Wir wollen an Gottes Seite sein;
denn auch wir kennen
die Nächte des Verratenwerdens:
zerbrochene Ringe, zerrissene Verträge,
verratene Freundschaft,
Lügengeschichten, Enttäuschung, Betrug.
Wir wollen an Gottes Seite sein
und Gott an unserer Seite haben
in der Nacht des Verratenwerdens.

Alle:
Gott, bleibe bei uns und wache mit uns.
Schwester, Bruder, bleib bei mir
und wache mit mir.

»...nahm er das Brot,
dankte, brach es und gab es den Jüngern...«

Wir wollen das Brot nehmen und danken.
Wir wollen es hier und immer und überall teilen.
Wir wollen es allen geben, die seiner bedürfen.
An deinem Tisch, Gott,
wollen wir das Teilen erlernen,
Teilen wie du, bis auf den Grund unserer Existenz.

»... und Jesus sprach:
Nehmt, eßt, dies ist mein Leib,
der für euch gegeben wird.
Desgleichen nach dem Mahl nahm er den Kelch,
dankte, gab ihnen den und sprach:
Trinkt alle daraus; das ist das Blut
des neuen Bundes, das für euch und für
viele vergossen wird zur Vergebung der
Sünden.
Dies tut, sooft ihr daraus trinkt,
zu meinem Gedächtnis.«

Einen neuen Bund bietet Gott uns an.
Wir aber gehen nicht darauf ein.
Wir hängen am Gewohnten,
an Mißtrauen und Ohnmacht,
an der Resignation gegenüber den Zwängen,
die uns bestimmen,
sogar am eigenen Leiden.
So wird unter unseren Augen die Welt zerstört,
und wir klagen tatenlos.
Gott – nimm weg was uns trennt.
Von dir,
von uns selbst,
von allen Menschen.
Bring uns zu unseren Schwestern und Brüdern,
zu uns selbst,
zu dir.
Laßt uns schweigen.

– Schweigen –

Unser Leben soll Aufatmen sein.
Unsr Tun Befreiung.
In Liebe sind unsere Schwächen angenommen.
Die Schuld ist uns vergeben
Wir bekommen die Kraft,
der Spur Jesu zu folgen.
Strauchelnd, irrend,
aber nie ohne Ziel
und nie ohne den Trost und die Wärme des Geistes.
Jesus, unser Bruder,
zu deinem Gedächtnis tun wir dies.
Wir denken an alle,
die deinen Fußspuren folgten
und ihr Leben für andere gaben.
Wir tun dies auch zu ihrem Gedächtnis.

Alle:
Gott, du bist Gedächtnis
in einer treulos-vergeßlichen Zeit.
Halte uns in deiner Wahrheit.
Stärke uns zu allem Guten.
Befreie uns und mach uns frei
für ein gottgefälliges Leben
in einer befreiten Menschheit.
Denn du, Gott, bist unser Befreier.

Kommt, es ist alles bereit.

– Austeilung –

Geht von hier, gestärkt und erneuert.
So, wie ihr empfangen habt,
so gebt es weiter.
Werdet zu Gottes Werkzeugen.
Richtet keine Kreuze auf.
Kreuzigt niemanden; nicht mit Worten,
nicht mit Taten.

Reißt die Kreuze nieder,
die andere Menschen errichten.
Pflanzt euren Lebensbaum
an Wasserbäche des Friedens
und der Gerechtigkeit.
Das Reich Gottes kommt,
wo Wölfe neben den Lämmern liegen,
Schwerter zu Pflugscharen geschmiedet
und Frauen und Männer
in Frieden Brot miteinander backen werden.
Geht hin in Frieden.

Alle:
Wir haben das Brot gegessen,
den Wein getrunken.
Wir haben einander gestärkt.
Wir wollen all unsere Kraft
dem Reich Gottes zu Verfügung stellen.

II. Die Auferstehung der Frauen

Bibelarbeit zu Johannes 20,11-18

Luise Schottroff
Dorothee Sölle

»Frau, warum weinst du?«

Luise Schottroff

Das Johannesevangelium erzählt, Maria Magdalena sei nach der Hinrichtung Jesu in tiefe Verzweiflung gefallen. Sie läuft noch in der Nacht nach der Bestattung zum Grab Jesu und sieht, daß der Stein, der die Grabkammer verschlossen hat, fehlt. Sie wollte den Leichnam Jesu sehen und ehren und ist nun entsetzt und verzweifelt. Sie läuft zu ihren Geschwistern in der Nachfolge Jesu zurück und klagt traurig: »Sie haben meinen Herrn aus dem Grab weggenommen, und wir wissen nicht, wo sie ihn hingelegt haben« (Johannes 20,1f.). Die Römer haben den Juden Jesus gekreuzigt, weil er das Volk zum Widerstand gegen Rom anregt. Er predigt vom Gott Israels, der der einzige König der Welt ist, der den politischen Machthabern nur kurze Zeit Raum gibt für ihr menschenverachtendes Gewaltregiment. Die Römer haben solche Störer ihrer Herrschaft öffentlich gekreuzigt. Das unruhige Volk sollte sehen, was jedem Störer droht. Nicht einmal öffentlich weinen darf man über den Tod eines Gekreuzigten. Tacitus berichtet über die römische Praxis im Zusammenhang politischer Hinrichtungen: »Nicht einmal die Frauen blieben von Prozessen verschont. Weil man sie nicht der Absicht beschuldigen konnte, die Macht im Staat an sich zu reißen, wurden sie wegen ihrer Tränen angeklagt. Umgebracht wurde die greise Vitia, die Mutter des Rufius Geminus, weil sie die Hinrichtung ihres Sohnes beweint hatte.«[1] Marias Tränen und ihre Verzweiflung werden in der Erzählung des Johannesevangeliums immer wieder erwähnt. Alle Leute damals wußten, daß Weinen in dieser Situation gefährlich war. Alle

---

1 Tacitus, Ann. VI 10 vgl. 19; weiteres Material bei Luise Schottroff, Maria Magdalena und die Frauen am Grabe Jesu, in: Evangelische Theologie 42 (1982) 3–25, 5f.

Leute wußten auch, was es bedeutet, wenn das Grab eines Gekreuzigten leer ist: Das kann heißen, daß die römische Besatzungsmacht oder ihre Helfershelfer die Leiche verschwinden ließen, um zu verhindern, daß das Grab zum Ort des Widerstandes wird, daß sich dort die Anhänger Jesu treffen. Die Beerdigungen der ermordeten Südafrikaner sind seit Jahren Orte öffentlichen Widerstandes gegen die weiße Apartheidregierung. Der Weg zu den Gräbern der Ermordeten ist der Königsweg von Christinnen und Christen, es ist der Weg von Maria Magdalena.

Wir gehen den Weg zu den Gräbern der Ermordeten und zum Grab Jesu, und wir weinen über das Unrecht, das verbrecherische Regierungen begehen. Bei uns wird Weinen über die Ermordeten nicht bestraft. Aber die Erinnerung an die Ermordeten wird anders zugeschüttet: durch Verschweigen und Verdrehen der Wahrheit. Ich will mit Maria Magdalena weinen über den Tod Jesu, der der Herrschaft Roms widersprach, ich will weinen über den Tod von Simon Moegerane, Jerry Mosololi und Marcus Motaung, jenen schwarzen Widerstandskämpfern in Südafrika, die trotz weltweiten Protestes 1983 hingerichtet wurden. Ich erwähne gerade sie als Beispiele für zahllose andere Hingerichtete, weil auf dem Kirchentag 1983 in Hannover Tausende von Christinnen und Christen ihre politische Kraft und ihre Gebete auf die Rettung dieser Menschen gerichtet haben. Simon Moegerane war 23 Jahre alt, Jerry Mosololi war 25 Jahre alt, Marcus Motaung war 27 Jahre alt. Sie waren Mitglieder des ANC. Ich will weinen über Jesus und über diese schwarzen Männer und ihre schwarzen Schwestern und Brüder und ihre lateinamerikanischen Schwestern und Brüder. Ich will mit Maria Magdalena weinen über das Unrecht, das die Regierungen, auch unsere Regierung in der Bundesrepublik, tun. Auch unsere Regierung tötet Menschen, die möglichst vergessen werden sollen: durch Waffenlieferungen oder durch Radioaktivität.

Ich lese den Bericht über die Tränen der Maria Magdalena:

»Maria aber stand von außen an der Grabkammer und weinte. Als sie immer weiter weinte, beugte sie sich nach vorn in die Grabkammer. Und sie sah zwei Engel in weißen Gewändern sitzen, einen am Kopfende und einen am Fußende des Platzes, auf den man den Leib Jesu hingelegt hatte. Jene [Engel] sagten zu ihr: Frau, warum weinst du? Sie sagte zu ihnen: Sie haben meinen Herrn weggenommen, und ich weiß nicht, wo sie ihn hingelegt haben. Indem sie das sagte, wandte sie sich nach hinten um, und sie sah Jesus da stehen, und sie wußte nicht, daß es Jesus ist. Jesus sagte zu ihr: Frau, warum weinst du? Wen suchst du? Sie dachte, er sei der Gärtner, und sagte zu ihm: Herr, wenn du ihn weggetragen hast, dann sage mir, wo du ihn hingelegt hast, damit ich ihn hole.«

In diesem ersten Text der Auferstehungsgeschichte des Johannesevangeliums steht das Weinen der Maria Magdalena im Mittelpunkt. Der Text erzählt ihre Trauer und ihre Bewegungen sehr genau. Sie sucht nach dem Leichnam Jesu, sie sucht nach dem Menschen, der ihr gezeigt hatte, wo Leben und Hoffnung in der Welt zu finden sind.

Das Johannesevangelium ist das Evangelium von kleinen christlichen Gemeinden Ende des ersten Jahrhunderts irgendwo in Palästina. Diese Christen erleben ihre eigene Lebenssituation als schreckliche Bedrohung. Sie sind so verzweifelt wie die weinende Maria Magdalena.

DOROTHEE SÖLLE:

Manche von uns sind so verzweifelt
daß sie nichts sagen können
daß sie nicht klagen können
sie bleiben stumm
ihr Leben lang
    Gott, bitte, hör ihre Klagen
    wenn sie vor dem geleerten Glas sitzen
    sieh ihren Schrei in den fahrigen Gesten
    Gott, hör Du, was sie nicht sagen
Manche von uns sind so verzweifelt
daß sie nicht weinen können
sie haben verlernt

sie bleiben trockenen Auges
ihr Leben lang
   Gott, bitte, sieh ihre Traurigkeit
   vergibt ihnen ihre Versteinerung
   und sammle die ungeweinten Tränen
Manche von uns sind so verzweifelt
daß sie noch nie einen Engel gesehen haben
Sie leben ohne daß jemand sie fragt
Frau, warum weinst du?
Sie glauben dir deine Geschichte nur halb
und bleiben allein beim Weinen
   Gott, bitte, schick doch mal einen oder zwei Engel
   die fragen Warum weinst du?
   schicke eine von uns zu fragen warum
   damit wir alle nicht allein bleiben
   vor den Gräbern
   wo unsere Hoffnungen verscharrt liegen
   und lehr uns klagen
   und lehr uns weinen
   und zeig uns die Engel
   die schon am Grab auf uns warten

Luise Schottroff:

Die Christinnen und Christen sind mehrheitlich Juden in
einer jüdischen Umgebung. Das jüdische Volk ist 70 n. Chr.
von den Römern vollends besiegt, unterworfen und zum Teil
ermordet oder deportiert worden. In Palästina gibt es zwar
immer noch jüdische Gemeinden, aber der Tempel ist zerstört. Übrig ist nur noch eine Mauer des großen Tempelbezir-
kes, die wir heute immer noch als Klagemauer der Juden
sehen können. Die jüdischen Gemeinden haben keine eigene
nationale politische Führung mehr; Theologen – die Phari-
säer – haben in dieser Notsituation eine gewisse Führungs-
rolle übernommen. Es gibt immer noch Widerstandsgeist
unter den jüdischen Männern und Frauen. Aber es gibt auch

– gerade bei den führenden Männern – die politische Klugheit, zu sehen, daß nur die geringste Unruhe im Volk dazu führen wird, daß die Römer dem Volk den Rest geben (Johannes 11,48). Die Christengemeinden sind also eine Minderheit in einem unterdrückten Volk. Sie werden aus der Synagoge ausgeschlossen, weil die jüdische Führung diese Messiasspinner nicht erträgt. Es ist die furchtbare Tragik der Kämpfe, die zwischen Unterdrückten entstehen, die das Johannesevangelium erkennen läßt. Jesus ist von den Römern hingerichtet worden, seine Anhängerinnen und Anhänger verstecken sich hinter verschlossenen Türen aus Angst *vor den Juden* (20,19.20). Die wahren Feinde von Christen *und* Juden waren die Römer, aber im Johannesevangelium wird wortreich die Feindschaft zwischen Juden und Christen beschworen. Mit »den Juden« als Christenverfolgern ist im Johannesevangelium nicht das jüdische Volk, sondern die jüdische Führung gemeint[2]. Der Sprachgebrauch des Johannesevangeliums, der so massiv »die Juden« als böse Christenfeinde benennt, hat jahrhundertelang den christlichen Antijudaismus angeheizt und so mit dazu beigetragen, daß Deutsche die Endlösung beschlossen und ausführten. Europa sollte sauber werden, »rein« sein von den Juden, die man wie Ungeziefer vernichtete. Ich will uns Deutsche, christliche Männer und Frauen, nicht von dieser Schuld befreien.

Aus Gerechtigkeit gegenüber den johanneischen Gemeinden muß ich betonen: Den Judenmord haben Christen und Christinnen, vor allem Deutsche, *späterer* Jahrhunderte zu verantworten, nicht die Judenchristen in den johanneischen Gemeinden des 1. Jahrhunderts n. Chr. Ihnen kann man allenfalls vorwerfen, daß sie vielleicht noch deutlicher die Zwänge, unter denen die damalige jüdische Führung stand, hätten benennen können. Es ist die Tragik, daß in Unter-

---

2 Luise Schottroff, »Mein Reich ist nicht von dieser Welt«. Der johanneische Messianismus, in: Jacob Taubes (Hrsg.), Gnosis und Politik, München/ Paderborn 1984, (97–108) 99.

drückungssituationen die Unterdrückten gegeneinander losgehen, statt sich gemeinsam gegen ihren gemeinsamen Unterdrücker zu wehren. Christen und Juden haben damals den Römern das Geschäft erleichtert. Einige Jahre später waren die Christen so weit weg von ihren jüdischen Brüdern und Schwestern, daß sie an deren Befreiungskämpfen – etwa verkörpert durch einen Namen wie Massada – nicht mehr teilgenommen haben. Sie haben ihre eigene Verfolgung erlebt. Christen und Juden haben sich in der Situation der römischen Gewaltherrschaft getrennt. Christen wie Juden waren gemeinsam Opfer der römischen Verfolgung – wegen desselben Gottes – des Gottes Israels – wurden sie verfolgt. Aber Solidarität haben sie nicht geschafft. Mir macht das viel aus, daß am Anfang der größeren Kirchengeschichte die nichtsolidarische Ablösung der Christen von ihren jüdischen Schwestern und Brüdern steht. Eine Idealisierung unserer Kirchengeschichte ist nicht möglich. Auch eine Idealisierung des Urchristentums ist nicht möglich. Die Szene in der Fortsetzung dieser Maria-Magdalena-Geschichte drückt eigentlich alles aus, was von der nichtidealen Kirche zu halten ist: Die Jünger sitzen hinter verschlossenen Türen aus Angst vor den Juden in einer Situation, da die Römer – nicht die Juden – Jesus umgebracht haben. Sie haben die Köpfe eingezogen. Jesus muß kommen und sie wieder auf den Weg nach draußen schicken (Johannes 20,19-23).

Maria Magdalena verkörpert die Angst und Trauer der ganzen Gemeinde. Sie ist mutiger als die Männer, denn sie sucht Jesus draußen am Grab, in der von den Männern gemiedenen Öffentlichkeit. Die Christen dieser Generation haben ihr Leben, ihren Alltag als Angstgefängnis erlebt. Jesus ist nicht mehr da. Die Welt ist voller Gefahren, Tod und Finsternis, Lüge und Gottesferne, Gottesfeindschaft. Das Wort »Welt« selbst ist ein Schreckgespenst. Die Welt haßt Gott, sie haßt die Glaubenden, sie haßt Licht und Leben. Die Gemeinde klagt und trauert wie Maria Magdalena. »In der Welt habt ihr Angst« (Johannes 16,33); »wahrlich, wahrlich, ich sage euch, ihr werdet weinen und klagen, die Welt aber wird sich freuen« (Johannes 16,20). Das Leben ist schrecklich.

Klagen und Weinen wie Maria Magdalena muß ich erst noch lernen. Den Königsweg zu den Gräbern der Befreiungskämpferinnen und -kämpfer will ich zu gehen lernen. Ich erlebe die »Welt« ähnlich wie die johanneischen Christinnen und Christen: Sie ist feindlich und voller Tod. Besonders seit dem April 1986 erlebe ich bei mir und anderen dumpfe Trauer. Was sollen wir denn noch protestieren und warnen vor der Katastrophe? Die Katastrophen sind ja schon passiert: großtechnologische Unfälle wie in Tschernobyl oder bei Sandoz in Basel. Da die tödlichen Folgen (für Menschen) nicht so greifbar sind wie bei einem Flugzeugunglück, lassen sie sich weglügen. »No immediate danger«; »keine Gefahr für die Bevölkerung«. Wenn wieder irgendwo aus Atomkraftwerken Radioaktivität entwichen ist, kommt diese Versicherung der amtlich beauftragten Lügner wie das Amen in der Kirche. Und was passiert? Gar nichts. Weniger als nichts. Wir alle verstummen, verschweigen, verdrängen, lügen mit: Vielleicht ist es ja wirklich nicht so schlimm. Oder wir werden zynisch: Laßt uns essen und trinken, denn morgen sind wir tot. Über die Zukunft, die Zukunft unserer Kinder und Enkel denken wir lieber nicht nach oder glauben die Lügen der Zukunftslügner.

Klagen und Weinen muß ich erst noch lernen. Immer wenn ich anfange zu klagen, sagt irgend jemand: Hör doch auf. Mußt du immer alles so negativ sehen? Manche versuchen es mit Psychologie: Es sei mein persönliches Problem, daß ich eine Welt voller Atomraketen, Radioaktivität und mit einem mörderischen Welthandel nicht akzeptieren wolle. Ich muß lernen, zu weinen wie Maria Magdalena. Die jüdisch-christliche Tradition gibt Anleitung zum Klagen.

»Sei mir gnädig, Gott, denn mir ist so bange;
zerfallen ist vor Gram mein Auge, meine Seele, mein Leib.
Ja, mein Leben schwindet hin in Kummer und in Seufzen meine Jahre;

ermattet ist im Elend meine Kraft, und meine Gebeine sind zerfallen.
Allen meinen Feinden bin ich zum Spott geworden
und meinen Nachbarn zum Hohn,
ein Schrecken meinen Bekannten;
die mich auf der Straße sehen, fliehen vor mir« (Psalm 31,10-12).

Sei mir gnädig, Gott, denn mir ist so bange;
ich traue meinen Augen nicht mehr, wenn ich die Gänse-
blümchen sehe, die mein Patenkind ißt. Ich weiß nicht, ob sie
giftig sind. Mein Leben schwindet hin in Kummer, und in
Seufzen vergehen meine Jahre. Ich bin grau geworden in der
Zeit, als wir die Aufrüstung verhindern wollten; meine Kraft
ist klein geworden, und ich zweifle an mir und meiner Wut:
Vielleicht ist es wirklich besser zu resignieren. Feinde habe
ich auch: Sie haben immer schon gewußt, daß es besser ist,
mit den Mächtigen zu paktieren. Sie amüsieren sich über
mich: Seht sie doch, die ewige Protestiererin.

»Sei mir gnädig, Gott, denn ich verschmachte: heile mich, o Gott,
denn meine Gebeine sind erschrocken, tief erschrocken meine Seele...
Kehre wieder, o Gott, errette mein Leben; hilf mir um deiner Gnade willen«
(Psalm 6,3-5).

Tief erschrocken ist meine Seele, denn ich lebe von Ausbeutung. Der Export der armen Länder nährt unseren Wohlstand am Rande der Katastrophe. Tee, Kaffee, Erdbeeren,
Bananen – alles ist auf dem Boden gewachsen, den die Armen
zu ihrer eigenen Ernährung brauchen würden.

Ich bin ein Schrecken für meine Bekannten, wenn ich von
der Gewalttat unseres deutschen Wohlstandes anfange: »Sei
doch ruhig, du lebst ja selbst im Wohlstand.«

Kehre wieder, o Gott, errette mein Leben; hilf mir um
deiner Gnade willen.

Die Engel im Grabe Jesu haben nicht gesagt: Sei ruhig,
hör' doch auf. Sie haben gefragt: Warum weinst du? Jesus hat
zu Maria Magdalena nicht gesagt: Sei ruhig, hör' doch auf
mit dem Gejammer. Er hat sie gefragt: Warum weinst du,
wen suchst du?

Ich suche Gerechtigkeit, ich suche Frieden, ich suche eine

Zukunft für kommende Generationen, die nicht vergiftet ist, ich suche Leben, ich suche Licht, ich suche nach Gott. Ich will mich nicht zum Schweigen bringen lassen. Ich habe doch davon gehört, daß Jesus auferstanden ist.

DOROTHEE SÖLLE:

Was hat man eigentlich davon, Christ zu sein? Außer Gottesdiensten, die uns oft kalt lassen; außer der Bibel, die wir oft nicht verstehen; außer Scherereien mit der Kirche, die uns oft alleinläßt? Was haben wir denn davon? Luise hat eben gesagt: »Ich habe doch davon gehört, daß Jesus auferstanden ist.« Ich habe doch davon gehört – warum sagt sie »doch«? Weil sie dieses »doch« braucht, weil wir alle ein »doch« brauchen. Ich will mich nicht mehr zum Schweigen bringen lassen, ich habe doch gehört, daß Gott Gerechtigkeit will, die wie ein Fluß strömt; ich habe doch gehört, daß die Armen selig sein sollen; ich habe doch sagen hören, daß die Militärstiefel und die blutbefleckten Soldatenmäntel ins Feuer geworfen und verbrannt werden. Ich habe doch gehört, daß die Lahmen gehen und die Stummgemachten sprechen.

Was bedeutet es denn, »etwas gehört« zu haben? Gegen den Augenschein, der uns davon überzeugen will, daß das Unrecht für ewig herrscht, daß es Kriege immer gegeben hat, daß die Gewalt das Recht der Menschen zerstört, haben wir etwas anderes gehört. Gegen die sanfte Manipulation unseres Bewußtseins, die uns einreden will, daß wir in einem geordneten und friedlichen Land leben und der Gnade der späten Geburt teilhaftig geworden sind, haben wir etwas davon gehört, daß die Hungrigen mit Gütern gefüllt und die Satten leer weggeschickt werden. Der Zustand des wirtschaftlichen Unrechts, indem sich die Länder der Zweidrittelwelt auf Jahrzehnte hin verschulden, soll nicht ewig währen. Und wir haben gehört, daß Gott die Erde doch liebt und Frost und Hitze, Sommer und Winter, Tag und Nacht verspricht und sie nicht einem nuklearen Winter ausliefern will.

Dieses »doch« Gottes, der Einspruch gegen die Hoffnungslosigkeit, ist das Wichtigste, was das Christentum uns gibt. Ich habe doch gehört – das heißt mit einem großen und starken Wort: Tradition. Wir haben eine Tradition. Uns ist etwas überkommen. Vor uns waren schon andere da, die Angst hatten und kleine Leute waren, denen aber Hoffnung geschenkt wurde. Unsere Mütter und Väter schon haben sich Geschichten von der Rettung erzählt, und unsere Großeltern waren nicht allein beim Sterben. Vor uns haben schon andere Angst gehabt und sind gerettet worden, vor uns waren schon andere lahm und bekamen gesagt: »Nimm dein Bett und wandle!« Vor uns waren schon Menschen im Ägypten des Wohlstands und der Unterdrückung versunken – und wurden doch von der Beherrschung durch eine ausländische Militärmacht frei. Vor uns weinten schon Mütter und gingen zu den Gräbern und wurden getrost. Vor uns suchten Menschen schon Gott und wollten einen anderen Frieden als den auf Gewalt gebauten und fanden Gott und wurden stark in Gott.

Die Tradition hat diese große schützende und ermutigende Kraft dann, wenn sie in unsere eigenen Kämpfe und Schmerzen eintritt, wenn sie in unser reales Leben hineinspricht. Wenn sie das nicht tut, ist sie bloßes Papier, du kannst sie vergessen. Wenn wir unser eigenes Leben nicht kennen, wenn wir uns weigern, zur Kenntnis zu nehmen, wie die türkischen Kinder in der Nachbarsiedlung leben, dann spricht auch die Tradition, die über Fremdlinge und Beisassen redet, nicht zu uns. Wenn wir geflissentlich übersehen, wie unsere Flüsse zerstört sind, dann bleibt unser Lob des Gottes, der Wasser aus der Erde quellen läßt, oberflächlich. Auch die beste Tradition antwortet nur auf die Fragen, die wir wirklich von ganzem Herzen stellen. Darum verstehen die Traditionalisten, die meinen, keinen Anlaß zu Sorge oder Angst zu haben, die Tradition der Bibel überhaupt nicht; sie plappern sie nur nach. Wo keine Frage ist an unser eigenes Leben, an unser Land und seine Vision, an unseren Alltag und seine Brutalität, da wird die Tradition rein dekorativ.

Je mehr wir uns aber in die Kämpfe und Ängste unserer Welt verwickeln, desto mehr wird das alte Papier zu Brot. Ich empfinde oft, wenn ich mit säkularen Menschen und Nicht-Christen zusammen bin, daß ich einen kleinen heimlichen Extratopf habe, der ist voller Hoffnung. In ihm sind Geschichten und Sprüche, Lieder und Gebete.

Manchmal hole ich etwas aus meinem Extratopf und verteile es an meine nach-christlichen Schwestern und Brüder. Dann sind sie oft ganz erstaunt darüber, was in meinem Extratopf alles drin ist und wie nützlich es ist für eine Gegenwart, die mehr Niederlagen des Friedens und der Gerechtigkeit kennt, als wir glauben aushalten zu können.

Maria Magdalena gehört auch in diese Tradition. Sie lehrt mich klagen und weinen. Ohne diese Schwester und Mutter des Glaubens wäre ich ärmer. Wir haben »doch« gehört, daß sie zu dem Grab des Befreiers ging und weinte.

Die Auferstehung Jesu und die Frauenkirche

LUISE SCHOTTROFF:

Jesus hat zur weinenden Maria Magdalena nicht gesagt, daß sie aufhören soll zu klagen. Er hat ihr statt dessen einen Weg in die Zukunft gezeigt.

»Jesus sagt zu ihr: Maria. Sie dreht sich um und sagt in Hebräisch: Rabbuni (das bedeutet: Lehrer).« Jesus merkt, daß Maria Magdalena sich ihm zu Füßen werfen will, seine Füße ergreifen will (vgl. Matthäus 28,9), um ihn zu verehren, ihn um Hilfe zu bitten und von ihm Kraft durch die Berührung zu holen (vgl. z. B. Markus 5,27f.; 10,13). »Da sagt Jesus zu ihr: Rühre mich nicht an, denn ich bin noch nicht zum Vater hinaufgegangen.« Den Auferstandenen soll man nicht anfassen. Seine Art, uns zu berühren, ist der Heilige Geist, den er den Jüngern und Jüngerinnen einhaucht (Johannes 20,22). Es ist die Veränderung, die sich in *unserem* Leben vollzieht, auf die es bei der Auferstehung Jesu ankommt. Von dieser Veränderung redet dann auch gleich der Text: »Gehe zu meinen Brüdern [und Schwestern] und sage ihnen: Ich gehe zu meinem Vater und zu eurem Vater und zu meinem Gott und eurem Gott. Da geht Maria Magdalena und verkündet den [Jüngerinnen und] Jüngern: Ich habe den Herrn gesehen. Und das hat er zu [mir] gesagt« (Johannes 20, 16-18).

Ehe ich von der Auferstehung im Leben Maria Magdalenas rede, muß ich von der Bibelsprache reden. Die christlichen Frauen – ich auch – ärgern sich immer deutlicher über die hierarchische Männersprache der Bibel. Ohne es zu wollen, rechtfertigt die Bibelsprache unsere patriarchalen Herrschaftsverhältnisse, z.B. wenn Gott Vater genannt wird. Daß Gott »Vater« ist, ist doch nur ein Bild, denn er ist kein Vater »von Fleisch und Blut«, wie die Juden damals sagten, um den Vater im Himmel von den Vätern auf der Erde zu unterscheiden[3]. Gott ist genauso Mutter im Himmel, aber keine Mutter »von Fleisch und Blut«. Vater und Mutter sind Bilder für Gott, für Wärme und Liebe, die Gott gibt. Alle Bilder, die wir für Gott brauchen, sollten wir vorsichtig bedenken, damit sie nicht mehr zerstören als sie ausdrücken. Väter können sehr autoritär sein, Mütter auch, wenn auch auf andere Art. Aber das ist mit den Gottesbildern nicht gemeint. Noch schwieriger wird es mit massiv hierarchischen Bildern, die nicht Liebe, sondern nur noch Herrschaft ausdrücken: Gott, der Herr und König; die Glaubenden sind seine Sklavinnen und Sklaven. Maria Magdalena sagt: »Ich habe den Herrn gesehen.« Was machen wir damit? Ein Vorschlag von Frauen lautet, statt dessen zu sagen: »Jesus ist auferstanden, ich habe es gesehen.«[4] Aber das trifft die Sache nicht ganz. »Ich habe den Herrn gesehen« heißt: Er hat mir einen Auftrag gegeben,

---

3 s. George Foot Moore, Judaism in the First Centuries of Christian Era, vol. II, Cambridge 1927, 201–211.
4 »Gerechte Sprache in Gottesdienst und Kirche«, hrsg. von der Evangelischen Frauenarbeit in Deutschland, 1987, 18.

er lebt und ist mein Herr, und zwar mein einziger Herr in einer Welt voller Herren, die mich versklaven wollen. Ich bin niemand untertan, nur noch diesem Herrn, der mich auf den Weg des Lebens schickt. Es ist eine leidige Sache mit den Bildern und Wörtern für Gott und Jesus. Das liegt nicht an Gott oder an Jesus, sondern an unserer gesellschaftlichen Realität, in der Väter Kinder zu Karrieresöhnen erziehen wollen und Mütter beleidigt sind, wenn das Kind nicht tut, was sie will. Es liegt an der gesellschaftlichen Realität, den Gewalttaten in der Machtausübung, denen wir dauernd konfrontiert sind, daß das Wort »Herr« fragwürdig ist, weil wir den Widerstandsgeist dieser Christusanrede nicht mehr verstehen. Ich weiß mir nicht anders zu helfen, als daß ich bei solchen Wörtern dazu sage, was sie sagen wollen, sie aber beibehalte. Gottes Herrschaft ist Gegenmacht, die Macht der Liebe, die Macht der Auferstehung. »Ich habe den Herrn gesehen« – das stellt uns Christinnen und Christen vor die Machtfrage. Haben wir teil an der Macht Christi oder an der Macht der Herren dieser Welt?

Auferstehung ist Macht. Die Macht der Auferstehung ist so groß, daß sie den Tod besiegt. Der Tod regiert unser Leben. Die Jünger, die voller Angst hinter verschlossenen Türen sitzen, werden von der Angst regiert, sind Knechte des Todes. Jesus erweckt sie zum Leben, als er ihnen den Geist einhaucht und sie an die Arbeit für das Heil der Welt schickt (Johannes 20,19-23). Wir sind Sklavinnen und Sklaven des Todes, weil wir den Gesetzen des Todes gehorchen. Es geht sehr subtil zu im Reich des Todes. Ich habe gemerkt, daß die chemische Verseuchung des Rheins durch Sandoz bei mir nicht mehr Wut und Hoffnung bewirkte, sondern nur noch müde Besserwisserei. Es war vorauszusehen. Ich bin keine Prophetin, und doch kann ich euch die nächste Katastrophe weissagen. Irgendwo in unserer Nähe noch zu meinen Lebzeiten wird wieder ein GAU passieren. Die Katastrophe des Hungers der Armen wächst immer weiter. Tausendmal habe ich davon geredet, haben wir alle in der Kirche davon geredet, nichts hat sich verändert. Die Verursacher dieser permanenten Katastrophe, die mächtigen Männer in der kapitalistischen Industrie und im Militär, wissen das auch, daß die nächste Katastrophe passiert und daß sich nichts verändern wird. Sie können den Gewinn privatisieren und den Schaden sozialisieren. Die Geschädigten werden sie noch bewundern. Wenn ich mich genau beobachte, muß ich eingestehen, daß ich inzwischen genau so denke wie die Mächtigen. Ich bin zwar unglücklich darüber, aber ich habe diese Logik schon übernommen. Es wird zwar immer wieder Katastrophen geben, aber die Leute werden es hinnehmen. Ich bin müde, resigniert und habe leider recht behalten. Es ist kinderleicht, die Katastrophe vorauszusehen. Ich brauche nur die Logik unserer Mächtigen zu übernehmen. Ich lebe im Reich des Todes, seine Macht bestimmt mein Leben. Meine Resignation paßt zum Zynismus der Mächtigen wie der Handschuh zur Hand.

Ein Klagegebet

DOROTHEE SÖLLE:

Gott unsere Mutter
        an den Wasserflüssen Babylons sitzen unsere Freunde
                                                        und weinen
        Verschleppte, Vertriebene, Flüchtlinge, die wir Asylan-
                                                        ten nennen
        die die Spuren der Angst und des Leidens und des
        Heimwehs an ihrem Körper tragen
        sitzen sie bei uns in Babylon
        wo wir die Türme in den Himmel bauen
        und die Tiefflieger aufheulen lassen
        zwischen Himmel und Erde
        sitzen sie und weinen
Gott unser Vater
        auch wir sind nicht ganz zuhause hier in Babylon

zwischen unseren Atomfabriken und Atombomben
und Atomherren
auch wir weinen wenn wir an Zion denken
deine Stadt voller Brunnen mit unverseuchtem Wasser
und voller Gerechtigkeit
auch wir hängen unsere Harfen in die Weiden
weil wir nicht singen mögen
nicht Deutschland über alles und nicht
Kein schöner Land kommt über unsre Lippen

Gott unser Bruder
du hast die Traurigkeit gekannt
du hast Angst gehabt wie jede von uns
sogar deine Freunde haben dir Angst gemacht
sogar deine Familie und dein Land
das besetzt war wie unseres
hat dir Angst gemacht
und deine Kirchen haben dir keinen Schutz geboten

Gott du Geist des Mutes
gib daß wir unsere Traurigkeit leben
ohne aufzuhören dich zu lieben
gib daß wir mitten in Babylon
die Brunnen lebendigen Wassers suchen
und laß uns nicht verdursten
nach Gerechtigkeit

Gott du Geist der Wahrheit
laß uns ein Stück Gerechtigkeit leben
daß wir die Armen, die uns um eine Wasserleitung
bitten, nicht fortschicken
daß wir die Wahrheit sagen, wo die Lüge sich breit
macht
daß wir denen helfen, die unsere Herren mit Krieg
überziehen

Gott meine Schwester
ich weiß nicht ob du mir meine Traurigkeit wegneh-
men willst
sie ist so alt wie ich selber

aber ich weiß daß du die Trauer der andern
mit mir teilen willst
denen das Land genommen wird und die Kinder
Gib uns ihren Durst nach Gerechtigkeit
und laß uns alle nicht verdursten.

LUISE SCHOTTROFF:

Jesus hat Maria Magdalena auf den Weg des Lebens geschickt. Sie soll den Geschwistern in Gott sagen, daß Christus
auferstanden ist. Damit sind sie auch auf den Weg zum Leben
gesandt. Christi Auferstehung setzt Auferstehungsprozesse in
Gang, zuerst wird Maria Magdalena lebendig, dann andere
Jüngerinnen und Jünger. Auferstehung ist Macht. Die Macht
der Auferstehung ist so groß, daß sie den Tod besiegt. Als ich
mir mit der Logik des Todes vorstellte, wann die nächste
Katastrophe passiert, da ist mir der auferstandene Christus
erschienen. Ich habe den Herrn gesehen, als ich am Grabe
stand. Er hat mir gesagt, daß Gottes Wille stärker ist als die
Todesmacht. Gott will, daß alle Menschen in Gerechtigkeit
leben. Ich werde nicht auf die nächste Katastrophe warten,
sondern Auferstehung ausbreiten. Auferstehung ist Macht,
die den Tod besiegt. Als mich meine zynische Todeslogik
einholte, ist mir der auferstandene Christus erschienen. Er hat
gesagt, es wäre einfach, die Auferstehung auszubreiten. Wir
müßten nur weitersagen, daß es Auferstehung gibt. Wir können alle daran teilhaben. Ich weiß von vielen Schwestern und
Brüdern, denen auch der auferstandene Christus erschien.
Wir alle werden die Nachricht verbreiten, daß es eine Alternative zum Tod gibt. Es ist nicht wahr, daß nur Wachstum der
Wirtschaft eine Gesellschaft ernährt. Dies ist eine Todeslüge,
denn unser Leben und die Erde ist begrenzt. Da gibt es
keinen Platz für unbegrenztes Wachstum. Es ist vielmehr so,
daß die Erde reich und fruchtbar ist; alle Menschen können
auf ihr leben. Die unendliche Gier führt in den Tod, und die
Beschränkung ermöglicht Leben. Wir brauchen kleine Gesell

schaften mit Selbstversorgungswirtschaft, damit alle im Frieden mit der Natur und anderen Völkern leben können. Ich will es ganz zugespitzt sagen: Wer heute weitererzählt, daß es eine Alternative zum Tod gibt, nämlich die Selbstversorgungswirtschaft, der partizipiert an Christi Auferstehung. Auferstehung ist Macht, die den Tod besiegt.

Wir können die Selbstversorgungswirtschaft ausmalen, und wir können damit anfangen. Manchmal bin ich bei Freundinnen und Freunden, die konsequenter als ich alternativ leben. Brot selbst backen, sehr behutsam mit Müll umgehen. Die Männer arbeiten halbtags und versorgen die Kinder wie die Frauen. Anfangs habe ich gedacht, das sei nur gut als Symbol, wie meine Geschwister leben, aber letztlich wirkungslos. Inzwischen ist mir klar geworden, daß dieses Leben nicht nur ein Symbol ist, sondern realer Beginn der Selbstversorgungswirtschaft, wenn auch in Bruchstücken. Die Erpreßbarkeit nimmt mit dem Maße der Selbstversorgung ab. Als sich nach dem Ölschock 1973 die Mode ausbreitete, Kamine oder Kachelöfen in die Wohnzimmer der Einfamilienhäuser zu stellen, hat sich darin ein – wenn auch hilfloser – Rest von Bewußtsein für eine unabhängige Wirtschaft geäußert. Die Alternative zur unendlichen Gier und ihrer Todesmacht ist die Selbstversorgung und Bescheidenheit, Gerechtigkeit und Behutsamkeit in der Organisation unseres Lebens und unserer Wirtschaft – und ich bin davon überzeugt, daß viele Menschen für diese Einsicht zu gewinnen sind. Es ist nicht wahr, daß es keine Alternative gibt zur Großtechnologie und ihren militärischen und politischen Begleiterscheinungen.

Damals hieß die Teilhabe an der Auferstehung Christi ebenfalls, das Leben miteinander neu zu organisieren und zu gestalten. Heute heißt die Teilhabe an der Auferstehung wieder, das Leben miteinander neu zu organisieren und zu gestalten. Auferstehung ist Macht, die Macht, die den Tod besiegt.

Daß diese Macht anders ist als die Macht des Todes, wirkt

sich auch auf die Beziehungen der Menschen aus. In der Auferstehungsgemeinschaft gibt es keine Herrschaft von oben nach unten mehr, nur die gemeinsame Teilhabe an der Macht des Lebens und des Heiligen Geistes. Da wird zuerst auf die geachtet, die unten sind, und ihre Situation verändert: »Die Letzten werden die Ersten sein.« Dazu ist eine klare politische Analyse notwendig, sonst wissen wir nicht, wer die »Letzten« sind. Heute sind es die Menschen in den ärmeren Ländern, die Rentnerinnen, die arbeitslosen Frauen und Männer, die Behinderten: alle, die von der Zweidrittelgesellschaft vergessen und ausgenutzt werden. Die Analyse muß die ökonomische Ausbeutung und die rassistischen und sexistischen Verhältnisse erkennen. Es genügt nicht, nur einen Aspekt dieser Strukturen, etwa das Mißverhältnis zwischen Männern und Frauen, zu berücksichtigen.

Wenn sich die Auferstehung Christi unter uns Christinnen und Christen wieder herumsprechen wird, wird sich auch unsere Kirche verändern. Die Kirche ist in unserer Gesellschaft hierarchisch organisiert, auch die evangelische Kirche. Männer haben in ihr die Macht, und zwar eine Macht, die von oben herunter Machtworte spricht und Machtentscheidungen trifft; »brüderlich« natürlich. Damals zur Zeit der Maria Magdalena und einige Generationen danach sah die Kirche anders aus: Sie war eine Frauenkirche; damit will ich sagen, daß sich in ihr nicht die Machtverhältnisse der Gesellschaft wiederholten, vielmehr wurden sie auf den Kopf gestellt. Die erste Apostelin war eine Frau, in ihrem Weinen und Klagen sah sich die Gemeinde aus Frauen und Männern repräsentiert, ihr Aufbruch auf den Weg des Lebens war der Anfang, aus dem der Aufbruch vieler wuchs. Es gab sogar bei Christen wie bei den Juden reine Frauengemeinden. Es war eine Kirche, die bewußt nicht-hierarchisch, antihierarchisch organisiert war: »Die Mächtigen üben unrechte Gewalt... so soll es unter euch nicht sein« (Markus 10,42f.). Dieser Gedanke der Frauenkirche, obwohl eine Frauenkirche am Anfang stand, fällt kirchenleitenden Männern schwer. Nicht weil sie fürchten, aus der Frauenkirche ausgeschlossen zu werden, sondern weil sie den Umsturz der Machtstruktur fürchten[5]. Eine Frauenkirche ist nicht mehr ein kleiner Zwillings*bruder* der gesellschaftlichen Macht, sondern eine Zwillingsschwester der Urkirche. Sie wird beflügelt sein von der Macht Christi. Sie wird es schwer haben in der Gesellschaft, sie wird ärmer sein, man wird in ihr keine Karriere machen können. Ach ja, wer dann alles nicht mehr wird mitmachen wollen! Der Aufbruch der Frauen, die feministische Vision sind heute ein Stück Beginn der Frauenkirche, aber ebenso die Christengruppen in der Friedensbewegung, die immer noch genauso nötig ist wie 1983. Denn die Mächtigen üben unrechte Gewalt und sind nicht bereit, wirklich alle Raketen abzubauen.

Wir haben die Vision: Die Menschen werden als Handwerker und Bauern die Natur pflegen und von der Fruchtbarkeit der Erde leben.

Wir haben die Vision: Die Kirche wird ein Ort der Gleichheit aller Menschen, eine Frauenkirche.

Wir haben die Vision: Es gibt keinen ungerechten Welthandel mehr und keine Großtechnologie und keine Großwaffen.

Wir hören das Gelächter, diese Vision sei Spinnerei, unrealistisch. Aber wir halten an ihr fest. Sie ist die Vision Gottes, er hat sie uns eingegeben. Sein Kind ist gestorben an der Härte des Widerspruchs gegen diese Vision. Sein Kind ist auferstanden. Wir haben den Herrn gesehen. Unsere Füße laufen auf den Weg zum Leben.

Maria Magdalena wurde von Jesus ausgesendet. Heute ist es wieder gut, die Frauen zuerst auszusenden, damit sich die Männer ihnen anschließen wie damals.

---

5 Landesbischof von Keler äußerte in der Landessynode von Württemberg, 12./13. März 1987, »sogar die Sorge, langfristig müsse man aufpassen, daß die Kirche ›nicht eine Sache allein der Frauen wird‹« (aus: beraten und beschlossen. Amt für Information der Ev. Landeskirche in Württemberg Nr. 1, 1987, 3).

DOROTHEE SÖLLE:

Es gibt eine Art Hunger nach dem Sinn des Lebens, der wie der leibliche Hunger immer wieder auftaucht. Warum sind wir hier? Was soll das Ganze? Diesen Hunger nach Sinn kann man leicht verdrängen und sich den Bauch mit anderen Sachen vollschlagen. Aber er kommt wieder. Menschen sind Lebewesen, die diese verrückten, überflüssigen Fragen stellen. Die Süchtigen wissen das meist besser als die Tüchtigen, die Alkoholiker, die Depressiven unter uns wissen mehr als die angeblich Normalen. Aber irgendwann dämmert es allen, daß Geld und Karriere, Sex oder Familie diesen Hunger nicht befriedigen können.

Wer oder was stillt denn den Hunger? Die Religionen geben auf diese Frage eine denkwürdige Antwort, die, obwohl oft genug kritisiert und mit angeblich wissenschaftlichen Methoden widerlegt, etwas Unausrottbares an sich hat. Sie reden alle in verschiedenen Bildern und Sprachen von der ursprünglichen Kraft des Lebens, dem Ursprung aller Dinge, von dem, was alles zusammenhält und trägt. Dieses X im Herzen der Welt, dieses Geheimnis wird in den Religionen meistens »Gott« genannt, und alle Religionen sagen: Ohne dieses X bist du nicht ganz, es fehlt dir etwas, es ist kein Segen bei dir, kein innerer Friede, keine Lebensgewißheit. Ohne X bist du ein ersetzbares Schräubchen in einer Maschine. Mit X bist du Teil eines großen sinnvollen Ganzen. Mit X bist du lebendig, ohne X bist du toter als jeder Stein.

Vor ein paar Tagen traf ich eine junge schwarze Frau aus Südafrika, die in der christlichen Jugendbewegung arbeitet. Sie erzählte, wie sie miteinander die Bibel lesen, wie sie die Nachbarschaft organisieren, daß ihre Freunde im Gefängnis sind und wie sie miteinander beten. Die Kraft, die von dieser jungen Frau ausging, war unwiderstehlich: Ihre Furchtlosigkeit, die Klarheit ihrer Perspektive und ihre Hoffnung waren über allen Zweifel erhaben. »Vielleicht sind wir 1990 frei, vielleicht dauert es noch etwas länger«, sagte sie. Das X, das

wir alle oft unbewußt suchen, war sichtbar in ihr, die Anteil-
habe am Sinn des Lebens war da. »Das von Gott in ihr«, wie
die Quäker es nennen, strahlte aus ihr heraus. Sie wußte,
wofür sie lebte. Als ich daran dachte, was sie bei ihrer Rückkehr nach Südafrika erwartet – wahrscheinlich Gefängnis,
wenn nicht Schlimmeres –, hatte ich ein Gefühl, das weit
über die Angst um diesen jungen Menschen hinausging. Sie
kriegen sie nicht kaputt, dachte ich. Gott ist stark in ihr, Gott
ist schön in ihr. »Ich bin zum Ebenbild Gottes geschaffen«,
sagte sie ganz cool, »meine Menschenwürde hängt nicht
davon ab, was die, die sie mir verweigern, tun.« Sie war frei,
nicht nach den Gesetzen und Vorschriften ihres Landes, aber
aufgrund ihrer Verbundenheit mit Gott, ohne den wir weder
Freiheit noch Schönheit noch Wahrheit leben und ausstrahlen
können.

Als ich später über die Begegnung nachdachte, fiel mir ein,
daß diese Frau in Sweatshirt und Turnschuhen genau das war,
was meine Religion mich gelehrt hat, einen »Engel« zu nennen. Ein Engel ist ein Bote, der den X-Faktor sichtbar macht
und mich mit der Kraft, die von Gott ausgeht, verbindet. Ein
Engel ist natürlich nicht dazu da, den Sinn des Lebens zu
erklären. Ein Engel kommt, um den Sinn des Lebens zu
schützen. Wir müssen den Sinn des Lebens schließlich nicht
produzieren, herstellen oder machen. Nicht wir geben dem
Leben Sinn, sondern das Leben gibt uns Sinn – wenn wir es
nicht ständig einsperren oder zubetonieren.

Der Sinn ist schon vor uns da wie die Sonne und der
Regen. Wir können sie daran hindern, zu uns zu kommen,
wir können alle Sterne zum Kriegführen mißbrauchen und
den Regen zur Entlaubung. Aber das spricht nicht gegen die
gute Schöpfung. Es sagt höchstens, daß wir mehr Engel
brauchen gegen die Wahnsinnigen, die unsere Welt beherr-
schen. Ehe ich geboren war, war das Leben gut, und wenn
ich gegangen bin, wird das Leben gut sein. Ich bin ein Teil
dieses guten Ganzen. Je mehr ich das weiß, desto mehr wird
es sichtbar.

Ich werde manchmal gefragt, warum ich denn »immer noch« für Gerechtigkeit, Friede und die gute Schöpfung (das sind die Übersetzungen, die meine Tradition dem X-Faktor verliehen hat) eintrete, wo doch jeder Mensch sieht, wie die Militaristen sich die Hände reiben und die Banken dafür sorgen, daß meine junge Frau aus Südafrika vermutlich sterben wird. »Immer noch?« frage ich zurück, wir fangen doch gerade erst an, aus der Verbundenheit mit dem Leben heraus zu kämpfen, zu lachen, zu weinen. Wir können uns doch nicht auf das geistige Niveau des Kapitalismus zurückschrauben und ständig »Sinn« mit »Erfolg« verwechseln. Das ist eine lebensgefährliche Verwechslung, wenn wir das Leben zurechtstutzen auf das Machbare und das, was sich konsumieren läßt. Der X-Faktor in meiner Tradition hat uns wirklich mehr versprochen! Ein Leben vor dem Tod, gerechtes Handeln und die Verbundenheit mit allem, was lebt, die Wölfe neben den Lämmern und Gott nicht oben und nicht später, sondern jetzt und hier. Bei uns, in uns.

Ein Gebet zu 1. Johannes 3,2

Und ist noch nicht erschienen, was wir sein werden
O Gott, der du auftust und offenbar machst
wann wird es so weit sein?
Wann werden wir sichtbar?
Wann wird die Wahrheit an uns sichtbar?
Wann wird man an unsern Städten sehen:
hier wohnen die Söhne und Töchter Gottes
die Schwarze nicht von Weißen apart halten
die Türken nicht von Deutschen separieren
und Frauen nicht von der Wahrheitsfindung ausschließen.
Wann werden wir sichtbar, Gott,
als deine Töchter und Söhne?

Und ist noch nicht erschienen, was wir sein werden
O Gott, wie du Leben hervorbringst und Lachen

wann wird es so weit sein?
Wann werden wir offenbar?
Wann wird die Wahrheit an uns sichtbar?
Wann wird man an unserem Fernsehprogramm erkennen
hier wohnen die Freunde Gottes
sie schrecken niemanden ab, sie laden ein
sie spielen Handball mit denen
die sie früher Feinde nannten
und trauen ihnen, die deine Kinder sind wie wir.
Wann werden wir sichtbar, Gott,
als deine Töchter und Söhne?

Und ist noch nicht erschienen, was wir sein werden
O Gott, die du uns besser kennst als wir uns selber ken-
nen
wann müssen wir unser Gesicht nicht mehr verstecken
vor den Verhungernden?
Wann werden wir sichtbar?
Wann wird die Wahrheit durch uns hindurchleuchten?
Wann wird man an unsern Handelsbeziehungen sehen
hier wohnen die neuen Menschen, die schwesterlichen
Wann wird die Sonne der Gerechtigkeit über uns aufgehen
und die Ausplünderungsnacht zu Ende gehen?
Wann werden wir sichtbar, Gott,
Söhne und Töchter in deinem Reich?

Und ist noch nicht erschienen, was wir sein werden
O Gott, der du alles geschaffen hast
wann wird es so weit sein
daß wir es *sehr gut* nennen wie du
wann werden wir sichtbar?
Wann wird die Wahrheit scheinen?
Wann wird man an unsern Gärten und Feldern sehen
hier wohnen die sanften Kinder der Erde
die das Vergewaltigen nicht gelernt haben
und das Plündern verlernten

hier wohnen kleine Menschen
die die Türme nicht in den Himmel bauen
und die Tiere nicht zu Tode testen
Gott, Freundin der Menschen, Freund der Erde
komm bald
maranatha beeil dich
mach uns sichtbar
Töchter und Söhne
in deinem Reich.

Frauenaussendung

LUISE SCHOTTROFF:

Jesus sagt: Ihr Frauen! Geht zu meinen Schwestern und Brüdern und sagt ihnen: Ich gehe zu meinem Gott und zu eurem Gott. Ich bin als Auferstandener bei euch und gebe euch den Heiligen Geist. Der Geist wird euch helfen, wenn ihr mutlos seid, er wird euch die Wahrheit sagen, wenn ihr von der Lüge eingewickelt werdet, er wird euch neues Leben einhauchen, wenn die Todesmacht euch gefangen hat (nach Johannes 20,18).

Weißt du es nicht, oder hast du es nicht gehört: Gott ist ewig, der die Enden der Erde geschaffen hat, der die Holunderbüsche geschaffen hat, der uns fähig macht zur Liebe. Er hat uns nicht als menschenmörderische, gierige, gefräßige Ungeheuer geschaffen.

Gott wird nicht müde noch matt, unerforschlich ist seine Einsicht. Er gibt den Müden Kraft, und den Ohnmächtigen mehrt er die Stärke. Jünglinge werden müde und matt, Krieger straucheln und fallen; aber die auf Gott hoffen, empfangen immer neue Kraft, daß ihnen Schwingen wachsen wie Adlern, daß sie laufen und nicht ermatten, daß sie wandeln und nicht müde werden (nach Jesaja 40,28-30).

Liebe Schwestern, ihr werdet neue Kraft empfangen, eure Füße werden wie von selbst laufen, und euch werden Flügel wachsen wie den Adlern. Ihr werdet die Männer mitreißen. Wenn ihr mutlos werdet und euch in die Gräber hinabbeugt, dann dreht euch um und seht auf Christus, den Auferstandenen. Er ist bei euch.

III. Den Kreuzen entrinnen: Pro Asyl

BÄRBEL VON WARTENBERG-POTTER

Als Kind habe ich oft die von Schnorr von Carolsfeld illustrierte Bilder-Bibel betrachtet. Zwei Bilder darin hatten es mir besonders angetan: Das erste war der Kindermord in Bethlehem, ein Bild, dessen Schrecken mich nicht losließ: Da lagen leblose Kinder zu den Füßen ihrer verzweifelten Mütter, die ihre Kleider zerrissen. Im Hingergrund sah man einen Soldaten, der mit dem Schwert ungerührt ein Kind ermordet, das seine Mutter zu retten versucht. Schrecken, Entsetzen und eine Schar toter Kinder, das blieb mir im Gedächtnis. Eine Seite davor war ein anderes Bild: Die Flucht nach Ägypten, das Bild einer ängstlichen Idylle. Es zeigte Maria und das Jesuskind auf einem sanften Esel durch eine anmutige Landschaft ziehend, dazu Joseph, der mit dem Finger auf das in der Ferne liegende Ägypten weist. Als Kind blätterte ich immer wieder von der schrecklichen Szene des Kindermordes zu der Idylle der Fliehenden zurück, um mich zu versichern, daß die drei dem Morden wirklich entronnen waren. Damals dachte ich mir kindlich aus, wie die drei wohl in Ägypten ankamen und daß es ihnen dort sicher gut ging nach dem Schrecken.

Kindermord in Guatemala: Eine Frau aus dem Stamm der Quiché-Indianer berichtet: »Am 1. Dezember kamen sie mit ihren Hubschraubern zu unserem Dorf. Wir Frauen rannten mit den Kindern aus dem Dorf und versteckten uns im Busch. Aber die Kinder waren unruhig, und so entdeckten uns die Hubschrauber. Sie schossen und warfen Bomben auf uns. Wir rannten weiter, rissen unsere Kinder hinter uns her, die kleineren fielen und blieben zurück. Die verzweifelten Mütter rannten zurück, nur um sie zerfetzt auf dem Boden zu finden. Wir rannten und rannten, sie schossen und schossen, es ging so sechs Stunden lang« (nach: Sanctuary, 1986).

Nach solchem Zeugnis möchte ich zurückblättern, um Maria, José und den kleinen Jesú in Sicherheit zu wissen. Aber nein, wenn sie ihren bitteren Weg durch Guatemala und Mexiko gemacht haben, werden sie an der Grenze zu den Vereinigten Staaten wie Diebe und Landstreicher behandelt und von den Einwanderungsbehörden erst einmal verhaftet und dann vielfach zurückgeschickt nach Guatemala, ihrem Mörderland. Denn die USA betrachten die Militärs in Guatemala als ihre antikommunistischen Verbündeten, ja sie liefern sogar die Hubschrauber, die Kugeln und Bomben für diese Gemetzel. Wie könnten sie dann politische Flüchtlinge von dort akzeptieren? Die darf es einfach nicht geben.

Niemand hat mir als Kind (und bis zum heutigen Tage) erklärt, daß Jesus ein politischer Flüchtling war, den seine Eltern vor der Wut des herrschenden Herodes, der seine Macht bedroht sah durch dieses Kind, retteten. Es war einfach eine fromme Geschichte.

Viele Christen haben sich in der Asylfrage engagiert und rufen die Gemeinden auf, die Fremden aufzunehmen, denn, so heißt es in der Bibel, wir sind alle Flüchtlinge gewesen. Die Bereitschaft, sich für Asylsuchende einzusetzen, darf aber nicht nur auf die schmale Basis zeitweiligen Einfühlungsvermögens gebaut werden. Die Kirchen müssen den Menschen in unserem Lande zu einem tiefgehenden Verständnis der weltweiten Zusammenhänge verhelfen, die zu dem zunehmenden Flüchtlingselend führen. Wer nicht weiß, daß Entscheidungen in unseren Parlamenten und Ministerien oft unmittelbare Auswirkungen auf die Zunahme der Zahl der Flüchtlinge haben, wird weiterhin diesen Fremden wenig Verständnis entgegenbringen und keine moralische oder politische Verantwortung zu übernehmen bereit sein. In der Flüchtlingsfrage ist mehr als ein menschliches Rühren vonnöten – es bedarf des Wissens um die Zusammenhänge und des Mutes, diese zu nennen und die Menschen darüber aufzuklären.

»Fluchtgrund Dritte Welt« ist allerdings eine mißverständliche Formulierung, denn in der Tat liegen eine ganze Reihe der Gründe bei uns, haben aber ihre Auswirkungen in der Dritten Welt. Ohne diese Gründe zu kennen, kann die Flüchtlingsfrage niemals angemessen angegangen werden. In einem ersten Anschnitt möchte ich deshalb auf die Mit-Täterschaft der »Ersten Welt« eingehen.

Zuerst sei daran erinnert, daß die Supermächte USA und UdSSR ihre Stellvertreterkriege in den Ländern der Dritten Welt führen. Seit Beendigung des Zweiten Weltkrieges wurden rund 140 Kriege geführt mit mehr als zehn Millionen Toten und ungezählten Millionen Flüchtlingen. Die meisten dieser Kriege wurden in Ländern der Dritten Welt geführt, unter direkter oder indirekter Beteiligung der Supermächte. In der Diskussion über Abrüstung wird das Argument angeführt, daß ein globaler Krieg nur aufgrund nuklearer Abschreckung vermieden worden sei. Selten wird gesagt, daß die Konfrontationen auf Nebenschauplätzen ausgetragen werden. Die Stellvertreterkriege ermöglichen den Supermächten, ihren ideologischen Einfluß durch Waffenlieferungen und militärische Beratung auszudehnen, neue Waffensysteme »life« zu testen, z.B. die Auswirkung chemischer Kampfstoffe. Die Opfer von Napalm, Nervengas und anderen chemischen Waffen sind in erster Linie in der Dritten Welt zu finden. Die Waffenarsenale leeren sich in solchen Kriegen und machen neuen, profitträchtigen Produktionen Platz. Anti-Guerilla-Waffen werden z.B. an der unschuldigen Landbevölkerung El Salvadors und Guatemalas getestet. Die Dritte-Welt-Kriege sind für die Supermächte das Übungsfeld für den Dritten Weltkrieg. »Die Supermächte haben eine Reihe heimlicher Spielregeln aufgestellt für diese Konfrontationen in der Dritten Welt. Diese Spielregeln haben vielleicht eine globale Konfrontation bisher verhindert und somit zum Frieden beigetragen – aber wessen Frieden ist das? Das Ergebnis sind weltweite Flüchtlingsströme. Das Eingreifen der Supermächte verlängert und verschärft lokale Konflikte und verhindert so eine Rückkehr von Flüchtlingen in ihre Mutterländer« (Claude Smadja, Television Suisse Romande). Auch der Abschreckungsfrieden hat seine Kriegstoten und Flüchtlinge, die vor unseren Türen stehen.

Auch die nichtmilitärischen Interventionen des Nordens verschärfen die Konflikte in der Dritten Welt. Meist geschieht die Einmischung der Supermächte indirekt mit dem Ziel, den ideologischen Einfluß zu sichern, strategische Stützpunkte zu gewinnen und Zugang zu Rohstoffen und Märkten zu behalten oder unter Umgehung demokratischer Spielregeln zu gewinnen. Die Aufrüstung der Länder der Dritten Welt ist dabei eine der wichtigsten Methoden. Moderne Überwachungssysteme, Polizei- und Verhörmethoden, Techniken zur Bekämpfung von Demonstrationen werden vom Norden übernommen und in Dritte-Welt-Ländern zur Unterdrückung oppositioneller Kräfte eingesetzt. Kriege, die traditionellerweise begrenzt gewesen wären, weiten sich infolge modernster Waffentechnologien räumlich und zeitlich unproportional zu den Ursachen des Konflikts aus. Der Iran-Irak-Krieg zeigt die Symptome sowohl eines Stellvertreterkrieges als auch der indirekten Intervention. Die geheimen Waffenlieferungen der USA an Iran sind in solchen Fällen nur die Spitze des Eisberges. Die Menschen, die seit Jahren in diesem mörderischen, mit östlichen und westlichen Waffen geführten Krieg verheizt werden, haben Zuflucht bei *uns* gesucht. Die zentralamerikanischen Staaten El Salvador, Guatemala und Honduras sind von den USA mit Millionenbeträgen militärisch ausgerüstet worden. Hauptziel der militärischen Rüstung ist die eigene Bevölkerung, die sich gegen Repression und Armut zu wehren begann. In Südafrika hilft jeder bundesdeutsche Kredit und Schuldenaufschub, jeder Polizeibesuch, jeder gelieferte Unimog der Stabilisierung des Apartheidsystems, das zu immer drastischeren Repressionsmaßnahmen gegen die schwarze Bevölkerung greift und damit mehr Menschen zur Flucht zwingt.

Ein dritter Verbindungspunkt ist die weltweite Schuldenkrise und das zunehmende ökonomische Ungleichgewicht, das immer mehr lokale Krisen in der Dritten Welt auslöst. In diesem Jahr kam es in Sambia zu beträchtlichen inneren Unruhen, nachdem die Regierung unter dem Diktat des Internationalen Währungsfonds (IWF) einige zentrale Nahrungsmittelsubventionen gestrichen hatte. In Jamaika wurden in diesem Jahr unter IWF-Diktat ebenfalls die Subventionen für

Milchpulver gestrichen und die Löhne eingefroren. Als Folge davon kommen die Kinder schon am frühen Morgen hungrig zur Schule, lernunfähig und unkonzentriert, weil ohne Milchration. Die Armut der unteren Schichten nimmt zu, und nach jedem Besuch des IWF zittert die Bevölkerung um das Schicksal des Landes. Die reiche Welt hat sich mit dem IWF, der Weltbank und der Kontrolle der Börsenmärkte Instrumente geschaffen, mit deren Hilfe sie ihre politischen und ökonomischen Interessen erpresserisch durchsetzen kann. Um die zunehmende Armut und die sich verschärfenden sozialen Spannungen in der armen Welt unter Kontrolle zu halten, werden Polizei und Militär verstärkt. Auf dem Boden der Schuldenlast eskalieren oft geringfügige Konflikte, die die Lage der Bevölkerung weiter verschlechtern. Menschen fliehen als Folge der Unmöglichkeit, elementare Selbstbestimmungsrechte wahrzunehmen, und wenn sie es tun, sind sie Repressionen und Menschenrechtsverletzungen ausgesetzt. Die BRD hat eine entscheidende Stimme im IWF, in dem die meisten Entwicklungsländer den bestgehaßten Feind sehen. Sie hat ihr Votum bisher nicht zugunsten der Schuldenerleichterung abgegeben. Alle diese Faktoren spielen von außen in die lokalen Konflikte hinein, verschärfen, verlängern und vergrausamen sie. Es ist hoffentlich deutlich geworden, wie sehr wir die Flüchtlingsströme selber herstellen helfen.

Die Fluchtgründe »Dritte Welt« lassen sich etwa folgendermaßen beschreiben:

1. Menschenrechtsverletzungen

Der Verteilungs- und Machtkampf in Ländern mit schwacher Infrastruktur und Verwaltung wird mit sehr brutalen Mitteln ausgetragen. Zentralistische, von den Geberländern vorgeschlagene Entwicklungsmaßnahmen werden oft mit repressiven Methoden durchgesetzt, die jeglichen Widerstand als staatsgefährdend ausmerzen. Schnelle Erfolge sind notwendig, und das erlaubt keine demokratischen Prozesse. Menschenrechtsverletzungen sind die Folge: Pressezensur, Einschränkung der Gewerkschaften, brutale Polizeimethoden.

2. Ethnische, religiöse und rassische Konflikte

Sie sind die Ursache für zahllose Flüchtlingsströme heute. Minderheiten werden von zentral regierenden Behörden oft ihres traditionellen Lebensraumes und ihrer Lebensgewohnheiten beraubt. Zudem haben viele Dritte-Welt-Länder koloniale Verwaltungs- und Herrschaftsstrukturen übernommen, die die Integration von verschiedenartigen Bevölkerungsgruppen erschwerten. Traditionelle Weisen der Konfliktregelung in Afrika z. B. sind formalen westlich-demokratischen oder östlich-zentralistischen Machtformen zum Opfer gefallen und tragen zur Unregierbarkeit ganzer Länder bei. In anderen Fällen bomben sich die ihres Landes und ihrer Identität beraubten Minderheiten ihren Weg zur weltweiten Publizität, wie z. B. in der Palästinenserfrage. Die Kolonialzeit ließ zudem oft künstlich geschaffene Grenzen zurück, die die künftigen Konflikte schon in sich trugen, wie am Biafra-Krieg deutlich wurde. Streit um die spärlichen Ressourcen führt zu Machtkämpfen zwischen Führungseliten und Militär.

3. Interne politische Konflikte und wahllose Gewaltanwendung

In Bürgerkriegssituationen entsteht oft durch das Fehlen einer Zentralgewalt ein völliges Machtvakuum. Polizei und Militär haben dann keine Schutzfunktion mehr, sondern werden zu Angreifern gegenüber der eigenen Bevölkerung. Das Rechtssystem bricht zusammen. Von den Zehntausenden von Morden in El Salvador ist bis heute kaum einer vor einem ordentlichen Gericht verhandelt worden. Dadurch geht jegliche moralische Norm verloren, und die Bevölkerung bleibt ohne Recht, ohne Schutz. Bürgerkriege werden zunehmend auf dem Rücken der Zivilbevölkerung ausgetragen, ganze Landstriche werden von Menschen »gesäubert«, um regierungsfeindlichen Truppen die Unterstützung zu entziehen. So werden auch die Nahrungsmittelzufuhren abgeschnitten und Ernten zerstört. Menschen, die oft völlig unbeteiligt sind an den Konflikten, werden zur Zielscheibe. Die Zerstörung der ökonomischen Grundlagen ist für viele Menschen ein entscheidender Grund zu fliehen.

So nehmen die Flüchtlingsströme zu, sie zogen aus aus Haiti, Zentralamerika, Chile, Suriname, Afghanistan, Iran, Irak, Südlichem Afrika, Äthiopien, Eritrea, Lybien, Kurdistan, Sri Lanka, Vietnam usw.

Es ist die Angst, die Unsicherheit, Verfolgung, Gewalt, Folter und physische Lebensgefahr oder Hunger, die die Menschen in die Flucht treibt. Die Angst, die tausend Gesichter hat, hat ein Südafrikaner so beschrieben:

Ich weiß, was Angst ist
das Klopfen
um vier Uhr morgens
wenn alle schlafen

Ich weiß, was Terror ist
er läßt deinen Körper
erstarren, wenn sie dich
vom Bett zerren

Ich weiß, was Verzweiflung ist
in den Augen deiner Frau
siehst du sie
wenn sie dich ohne Urteil einsperren

Ich weiß, was Geständnis bedeutet
wenn sie elektrische Drähte
und geistige Folter anwenden
und Körper und Geist zerbrechen

Ich weiß, wie der Tod ist
er ist für dich bestimmt

und kommt wie ein zufälliges
Ausrutschen auf einer Treppe
oder ein Sturz durch die Luft (James Matthews)

Die Ursachen dieser Angst verstehen heißt, eine elementare menschliche Fähigkeit, das Mit-Leiden, wieder zu entwickeln. Freilich, Menschen, die so tief an sich selber leiden wie in unserer übersättigten technisierten Überflußwelt, haben es schwer, sich auf diese Fähigkeit zu besinnen. Es kommt auch nicht vom Besinnen, es kommt vom Handeln.

Als Maria, José und der kleine Jesú aus Guatemala an die Tür der USA klopften, die sich vor allem ihrer Freiheit wegen rühmten, wurden sie von den Einwanderungsbehörden erst einmal in ein Gefängnis gesteckt. Es gelang ihnen zusammen mit anderen Flüchtlingen, ein Bettlaken über den Zaun des Gefängnisses zu werfen, auf das sie mit ihrem eigenen Blut, verdünnt mit Wasser, geschrieben hatten: *UM GOTTES WILLEN – HELFT UNS!* Vor dem Zaun hielt gerade eine religiöse Gemeinschaft von Frauen aus Los Angeles einen Bittgottesdienst für die Flüchtlinge ab. Das war im Jahr 1980. Monatlich wurden damals von der US-Regierung fünfhundert bis tausend Flüchtlinge nach Guatemala zurückgeschickt, oft in den sicheren Tod. Damals begannen Christen in den USA, Gott und ihre fernen Nächsten mehr zu lieben als »Law and Order« und von der Deportation bedrohte Flüchtlinge illegal über die Grenze zu bringen. Sie fingen an, ihre oft leerstehenden Kirchen für die Flüchtlinge zu öffnen und ihnen, gesetzeswidrig, dort »Sanctuary« anzubieten. Aber sie taten nicht nur dies. Sie begannen auch die amerikanische Öffentlichkeit mit dem Zeugnis der Kindermorde in Guatemala und der unzähligen Grausamkeiten in Zentralamerika, die die amerikanische Regierung finanziert, zu konfrontieren. Fromme, unpolitische Amerikaner begannen zu begreifen, daß Maria, José und Jesú mit einer Decke und einem Dach über dem Kopf nicht geholfen ist. Sie wurden zu einer Bewegung, *Sanctuary*, die vielleicht mehr getan hat, Tausende von Menschenleben zu retten, indem sie die geheimgehaltene Zentralamerikapolitik der eigenen Regierung aufdeckte, alternative Hearings für Kongreßabgeordnete organisierte, Dokumentationen zusammenstellte und eine Vietnamisierung Zentralamerikas möglicherweise bisher mit verhindert hat. Wir leben hier in der Bundesrepublik unter anderen Gegebenheiten. Dennoch können wir von diesem Beispiel des »anderen Amerika« lernen, daß es neben der Asylpolitik noch andere politische Forderungen zu stellen gilt, anderer Entscheidungen bedarf in den Zentren der Macht, in Washington, Bonn, Paris, London, Tokyo, Moskau, um die Flüchtlingsfrage zu beeinflussen: Abbau der Waffenexporte in die Dritte Welt und der verdeckten Operationen, Änderungen der Geld- und Handelspolitik, Stop der Unterstützung unterdrückerischer Regime, die Flüchtlinge produzieren. »Sanctuary« hat aus gelangweilten amerikanischen Durchschnittschristen Menschen mit einer großartigen Bereitschaft gemacht, für andere einzustehen, nicht nur für die humanitären Maßnahmen, sondern auch für die damit verbundenen politischen Ziele. Diese Menschen haben entdeckt, daß ihre Kirchen besser genutzt sind, wenn darin das Lachen der geretteten Kinder und ihrer Eltern zu hören ist. Sie haben auch entdeckt, daß sich das geistliche Leben der Gemeinden veränderte und eine tiefe Erneuerung des Glaubens stattfand dadurch, daß sie dem Gesetz des Stärkeren, das in ihrem Land alles beherrscht, das Gesetz der Liebe entgegensetzten. Hinter diese Erfahrung möchte niemand wieder zurückgehen.

IV. Gottes Knecht und Gottes Magd in El Salvador und bei uns

Bibelarbeit zu Jesaja 42,1-9

DOROTHEE SÖLLE

Die Geschichte des Christentums kennt sehr verschiedene Bilder, um die Beziehung zwischen Gott und den Menschen darzustellen. Adam und Eva, die ersten Menschen im Garten des Paradieses; Mose, vom Berge Sinai kommend, die Tafeln der Gebote in Händen; das Mädchen Maria, überrascht von dem Engel der Verkündigung. Eines dieser Bilder aus der hebräischen Bibel soll uns heute beschäftigen: der Knecht Gottes aus dem zweiten Jesaja. Ich habe eine kleine und eine große Schwierigkeit mit dem Text, die kleine entsteht an dem Wort »Knecht«, und sie wäre nicht behoben, wenn es sich um eine »Magd Gottes« handelte. Ich höre in dem alten Wort allzuviel Untergebensein und Abhängigkeit. Ich versuche mir einen »Angestellten Gottes« vorzustellen oder eine bei Gott, von Gott »Beschäftigte«. Ich will aber der Härte der alten Sprache nicht entfliehen und bleibe hier bei den Bildern vom Knecht und von der Magd. Die andere große Schwierigkeit ist nicht die Frage, wer dieser Knecht Gottes bei Jesaja war, sondern wo er heute und bei uns in der reichen Welt lebt.

Versuchen wir erst einmal den historischen Kontext unseres Textes zu verstehen. Sein Verfasser ist ein Prophet, dessen Namen wir nicht kennen und von dessen Leben wir wenig wissen. Er wirkt in der Zeit des babylonischen Exils in Babylon, etwa zwischen 550 und 540 v. Chr. Seine Worte sind in Jesaja, Kapitel 40 bis 55 überliefert, man nennt den Verfasser auch Deuterojesaja oder den jüngeren Jesaja. Die Zeit, in der er lebte, war für das alte Israel die größte Krise seiner Geschichte, das Exil.

Im Jahr 587 v. Chr. war Nebukadnezar, der König von Babylonien, mit einem großen Heer in Palästina eingefallen. Er umzingelte die Stadt Jerusalem, ließ alles verbrennen und viele Menschen töten. Ein Teil des Volkes, der das Morden überlebt hatte, wurde in die Sklaverei, in die babylonische Gefangenschaft geführt (vgl. 2. Könige 24 und 25). Unter ihnen befand sich auch Jesaja der Jüngere[1]. Er litt mit, was

---

1 Vgl. Carlos Mesters, Die Botschaft des leidenden Volkes. Neukirchen 1982, 30. Alle Übersetzungen biblischer Texte aus diesem Buch.

sein Volk erlitt. Jerusalem mit dem Tempelberg Zion ist zerstört, die »Wohnung Gottes« ist vernichtet, das Land der Verheißung ist in der Gewalt der babylonischen Weltmacht, und große Teile des Volkes leben im Exil, in Babylon. Mit der nationalen ist auch die religiöse Identität in Frage gestellt: Ist Jahwe, der Gott Israels, wirklich der starke Retter, der verläßliche Gott, und sind es nicht die Götter der Babylonier, die die Welt regieren?

Nebukadnezar hatte die Rechte der Völker mit Füßen getreten, die Gerechtigkeit lächerlich gemacht und ein ökonomisch-militärisches System geschaffen, das die Welt in Sklaverei festhielt. Nebukadnezar galt als der Weise, der Starke, der Reiche. Alles sprach für ihn, außer daß er ungerecht war und ein Unterdrücker. War es nicht naheliegend, die Macht und den Reichtum des Stärksten anzuerkennen und sich der Führungsmacht auch innerlich zu unterwerfen? War es nicht an der Zeit, das überkommene Gottesbild zu »babylonisieren«, so daß Konflikte vermieden werden konnten und die Menschen sich in Babylon einrichteten und unter den Sachzwängen, kümmerlich genug, zu überleben lernten?

Das war die religiöse Frage, auf die Jesaja der Jüngere antwortet. Seine Antwort steht in den Liedern vom Gottesknecht, einer Gruppe von vier Liedern, die zusammen eine Biographie bilden und von der Erwählung, der Beauftragung und vom Leiden und Sterben des Gottesknechts handeln (Jesaja 42,1-4 [5−9]; 49,1-6 [7−12]; 50,4-9 [10f.]; 52,13-53,12).

Diese Lieder beginnen mit feierlichen Worten, die Gott an alle Nationen richtet und die der Prophet aufschreibt. Der Knecht Gottes wird von Gott selbst als sein Erwählter und Beauftragter proklamiert, so wie Herrscher im Orient ihre hohen Beamten öffentlich vorstellen.

> Ich stelle vor euch hin meinen Knecht;
> er hat all mein Vertrauen.
> Ich habe ihn erwählt.
> Er ist der Liebling meines Herzens.
> Ich habe auf ihm ruhen lassen meinen Geist:

Er soll das Recht bringen den Nationen.
Er schreit nicht, noch erhebt er seine Stimme.
Er macht keinen Lärm auf den Straßen.
Er zerbricht nicht die geknickte Pflanze
und löscht nicht den Docht aus,
aus dem noch der Rauch steigt.
In Treue bringt er voran das Recht.
Er läßt den Mut nicht sinken
und gibt nicht auf,
bis daß er das Recht gegründet hat auf der Erde.
Die Völker, so fern sie wohnen,
sie warten auf seine Weisungen (Jesaja 42,1-4).

Wer ist dieser Knecht Gottes, der sein Volk sammeln und
heimführen soll und der den Völkern, d.h. uns, den Nichtju-
den, das Licht bringen soll? Martin Buber übersetzt eine
Stelle, die die Aufgabe des Gottesknechts benennt, so:

Den Weltstämmen gebe ich dich zum Licht,
daß meine Freiheit werde bis an den Rand des Erdreichs (Jesaja 49,6).

Wer ist dieser Knecht Gottes, dieses »Licht der Heiden«?
Es gibt einen jahrhundertealten Streit über diese Frage zwischen den Auslegern der Bibel. Die einen sehen in ihm eine
einzelne Gestalt, einen Lehrer der Tora, den jüngeren Jesaja
selber, einen für die Zukunft erwarteten Propheten wie Mose
oder auch einen zukünftigen Messias. Diesen individuellen
Deutungen steht die kollektive Deutung gegenüber, die im
Knecht Gottes das ganze Israel verkörpert sieht. Die Geschichte der Deutung des Bildes vom Knecht Gottes wird
noch komplizierter, wenn man sie in die Geschichte der Beziehung von Judentum und Christentum einordnet. Die
Christen haben schon früh, schon im Neuen Testament, versucht, den Gottesknecht ausschließlich auf Christus zu bezie-
hen und ihn so dem Judentum zu entreißen. Immer wieder
wurde die Beauftragung des Knechtes, sein Leiden und sein
Tod als Vordeutung auf Christus hin verstanden. Die andere,
die kollektive Deutung des Knechts, die wohl jüdischem
Denken eher entspricht, ging dabei verloren. Mit ihr traten

auch die realen Inhalte aus dem Jesajabuch ganz zurück: wozu der Knecht von Gott öffentlich beauftragt wird, in welchem Sinn er handelt und weswegen er leidet. Die christologische Falle – er für uns, er ein für allemal – schnappte zu, und der *Christus perfectus* verschluckte das Volk Gottes und die reale Botschaft des Knechtes. Eine exklusive Christologie von oben zerstörte den biblischen Grundgedanken von Gottes leidendem Knecht als dem Volk Gottes.

Ich will mich hier unterbrechen und auf eine eigentümliche Parallele in der Gegenwart hinweisen. In der neuen amerikanischen Bewegung der extremen religiösen Rechten, die sich in Fernsehkirche und »Moralischer Mehrheit« ausdrückt, gibt es einen latenten und manchmal offenen Antisemitismus. Tendenzen dieser Art finden sich auch im mittleren traditionellen Kirchenbereich, aber in der religiösen Rechten besonders stark. Unter latentem Antisemitismus verstehe ich die Zurückdrängung, ja Ausklammerung der jüdischen Botschaft der Propheten. Ganze Bibelübersetzungen vermeiden das Wort »Gerechtigkeit«, sprechen statt dessen von »Milde«, »Barmherzigkeit«. Die berühmten Teleevangelisten vermeiden den Ausdruck »die Armen« oder sie spiritualisieren ihn vollkommen. Christus wird als »mein persönlicher Heiland und Erlöser« gefeiert und so zu einer rein religiösen Figur umgedeutet, seine Verwurzelung im Judentum, in der Geschichte seines Volkes, in der prophetischen Botschaft wird ignoriert. »Gott will, daß du reich bist, das teuerste Essen ißt und den größten Wagen fährst«, heißt es in diesem kapitalistischen Evangelium. Der Gottesknecht wird hier auf einen metaphysisch verstandenen Jesus reduziert, die jüdische Deutung fällt unter den Tisch.

Gerade von ihr könnten wir viel lernen.

So spricht Gott, der Herr,
der den Himmel geschaffen in seiner ganzen Ausdehnung,
der die Erde gegründet mit allem, was auf ihr wächst,
der Atem gibt den Völkern, die sie bewohnen,
und Lebensgeist denen, die auf ihr gehen:

»Ich bin der Herr!
Ich habe dich berufen, so wie es der Gerechtigkeit entspricht«
(Jesaja 42,5-6).

Der Gott der Schöpfung, der die Himmel ausspannte und die Erde und ihr Gewölbe befestigt hat, ist auch der Gott der Befreiung. Gott erwählt sich Knechte und Mägde und beauftragt sie, Gottes Freiheit bis an den Rand des Erdreichs zu bringen. Wir sehen diese Knechte und Mägde Gottes, einzelne, Gruppen und Völker, die Gerechtigkeit in Gewaltlosigkeit verwirklichen. Der Knecht Gottes Martin Luther King oder Mahatma Gandhi, die Magd Gottes Domitila, Bergarbeitersfrau aus Bolivien, oder Ita Ford, die in El Salvador ermordet wurde, und die vielen namenlosen Mägde und Knechte Gottes bezeugen Gottes Willen, das ist die Gerechtigkeit. Nicht aus Zufall taucht das Wort »Recht« *(mispat)* gleich zu Beginn des Liedes vom Gottesknecht dreimal auf: Er wird beauftragt, das Recht, das, was einem zusteht, und das gerechte Urteil, ohne Gewalt, leise und schonend auf der ganzen Welt aufzurichten. Ich glaube, auch heute gibt es genug Mägde und Knechte Gottes, auf die die Weissagung des zweiten Jesaja angewandt werden kann, nicht um sie dem Judentum zu entwenden in einer Christologie des Einzelerlösers, der dann auch nur einzelne Seelen erlöst, sondern um es anzuwenden, wo immer Menschen im Sinne des gewaltlosen Knechtes Gottes die verglimmende Lampe nicht löschen, sondern sie mit neuem Öl tränken. Das biblische Bild vom Gottesknecht hat darum heute die lebendigste Bedeutung dort, wo die historische Situation der Völker in Entrechtung und Unterdrückung, in Hunger und Elend der historischen Situation des zweiten Jesajas vergleichbar ist.

Ich bin im Januar 1987 mit einer Gruppe nordamerikanischer Christen nach El Salvador gefahren; wir haben Menschen der verschiedensten Bereiche getroffen: Slumbewohner, die Opfer des letzten Erdbebens geworden sind, Gewerkschafter und Lehrer, Mütter von Verschwundenen und Ermordeten, kirchliche Würdenträger und Juristen, Flüchtlinge und solche, die Angst haben, bei der nächsten Militäraktion vertrieben zu werden.

Immer wieder hörte ich von verschiedenen Stimmen sagen: Der leidende Gottesknecht aus Jesaja – das ist das Volk von El Salvador.

In der Gemeinde »Maria, Mutter der Armen« arbeitet Padre Daniel; sein Vorgänger wurde aufgegriffen, gefoltert und schließlich des Landes verwiesen. Die Angst vor Spitzeln, vor den Geheimdiensten, vor der Verschleppung und Folter ist allgegenwärtig. Die Leute fürchten sich sogar, ein Wort wie Gemeinde *(comunidad)* überhaupt auszusprechen! »Gestern feierten wir das Jahresgedächtnis der Märtyrer Padre Octavio Ortiz und Schwester Sylvia«, erzählt Pater Daniel. »Das hilft uns aus der Lethargie und Totheit, in der wir sind, heraus. Aus dem Leiden kommt größere Kraft. Die Leute hier, Umgesiedelte und Erdbebenopfer, haben ein starkes Selbstvertrauen entwickelt. Die Gemeinschaft – nach der wir uns oft sehnen – sie haben sie. Und wie sie uns lehren zu dienen! Am letzten Samstag habe ich drei Hochzeitspaare getraut. Sie haben alle schon eine Menge Kinder, und ich fragte sie, warum sie denn heiraten wollten. Die Antwort war, um der Gemeinde zu dienen. ›*Al servicio de la comunidad.*‹ Es geht ihnen nicht nur um die Familie. Wir haben hier ein Wohnungskomitee gegründet und bauen einfache Hütten. Als die ersten Häuser fertig waren, wurden sie an die Witwen gegeben, nicht an die Mitglieder des Komitees! Ich kann euch Hunderte von Beispielen dieser Art geben. Die jungen Leuten fischen im See, und wenn sie nach Hause kommen, dann sehen sie sich nach denen um, die nicht fischen gehen können, ältere Frauen z. B. und solche mit kleinen Kindern, und bringen ihnen Fisch. Ich kann euch versichern, es gibt hier in dieser Gemeinde neue Werte in der Gesellschaft! Die Leute leben das Evangelium; sie haben Hoffnung für das Volk und Vertrauen in das Volk. Sie sind die Subjekte ihrer Geschichte geworden. Ihr könnt es auch an den Festen sehen, die sie feiern – mitten in Kummer und Elend wird die Freude gelebt.

Gott zieht heute durch Zentralamerika. In den Liedern Jesajas taucht der Gedemütigte und Verachtete auf. Er wurde als der Messias, als ein Prophet oder als das Volk gedeutet. Selbst wenn die Leute es nicht wissen, sie *sind* dieser leidende Knecht Gottes, sie *sind* Licht für uns alle.«

Dieser Pfarrer und seine Gemeinde sprechen nicht »über« die Bibel – sie leben von ihr! Sie trösten einander mit den Versprechen Gottes, gerade weil sie sonst in ihrer politischen Situation der Unterdrückung, in ihrem wirtschaftlichen Elend, unter der Terrorherrschaft von Folterspezialisten und Todesschwadronen keinen Grund zur Hoffnung haben.

Ökumenisches Lernen in diesem Sinn ist ein Lernen von den Armen. Der lutherische Bischof von El Salvador, Medardo Gomez, sagte in einer kleinen Ansprache: »Wir sind von Grund auf verwandelt worden. Das Wichtigste, was ich von den Leuten gelernt habe, einfach indem ich mit ihnen lebe, ist ein ökumenischer Geist und ein spirituelles Wachsen. Selig seid ihr, weil ihr verfolgt werdet. Ungerecht zu leiden ist ein Erlebnis von Glück und Freude, eine in Worten gar nicht benennbare Erfahrung. Man leidet dafür, daß man Gutes tun will.

Es gibt eine Wechselwirkung zwischen Gott und denen, die am meisten leiden. Die am meisten leiden haben eine ›spezielle Option für Gott‹; eine Seele, die sucht und deswegen nah bei Gott ist. Auch wir sind verändert worden.«

Ganz ähnlich sprach auch der Generalvikar der Erzdiözese San Salvador, Monsignore Ricardo Urioste: »Diese Jahre des Schmerzes haben zwei Dinge hervorgerufen. Wir hatten die Gelegenheit, ein Volk, das innerhalb der politischen Situation ohne jede Hoffnung ist, auf Gott hoffen zu sehen. Und wir haben die Kirche neu und anders verstanden. Wir glauben, daß die Armen in El Salvador eine Option für die Kirche ergriffen haben; ob die Kirche immer die Option für die Armen ergriffen hat, das wissen wir nicht. Jedenfalls sind es die Armen, die uns evangelisieren, die zu uns predigen. Manchmal, wenn man sich deprimiert fühlt und nur ein wenig Zeit mit den Armen zubringt – es ist nicht zu fassen, wie sehr es einen verändert.

Vor drei Jahren kam eine Frau zu mir, deren Tochter und Nichte weggeholt worden waren. Einen Tag später fand sie die beiden Leichname, die Köpfe waren abgeschnitten. Ich wußte nicht, wie ich sie trösten sollte, mir versagte die Stimme, aber die Frau fing an mich zu trösten! Sie sagte zu mir: ›Monsignore, ich habe einfach meine Bibel aufgeschlagen, ich las den 92. Psalm, und ich fühlte mich getröstet.‹ Ich schlug den Psalm nach, als ich zu Hause war, und verstand ihn zum ersten Mal. Gott ist der einzige Retter. Das gibt uns Hoffnung; ein Volk, das Glauben hat, nicht diesen passiven Glauben, sondern einen aktiven.

In der Kirche brauchen wir heute eine wirkliche Konversion. Das Zweite Vatikanische Konzil, Medellin und Puebla, alles schön und gut, aber noch ist das bloße Orthodoxie in den Bücherregalen! Andere Leute haben es in Praxis umgesetzt. Es gibt Priester bei uns, die haben nur eine vertikale Beziehung zu Gott; sie reden nicht über Gerechtigkeit. Sie fragen sich nicht: Was würde Jesus heute tun, auf welcher Seite stünde er? Ich denke, jede Kirche definiert sich heute selber durch ihre größere oder geringere Option für die Armen. Das gilt tatsächlich für die ganze Welt, weil das Evangelium unteilbar ist.«

Gilt das auch für uns in Westdeutschland, auch für unsere Kirchen? Wie ernst nehmen wir denn die Wirtschaftsordnung, von der wir profitieren und an der andere sterben? Der Knecht Gottes lebt heute in El Salvador, so glauben die Menschen dort. Der zweite Jesaja spricht aus einer vergleichbaren Situation des Exils, der Vertreibung. Ein realistisches Bild der Situation des Volkes im Elend unter den Lebensbedingungen des Hungers, der Versklavung, der Vergewaltigung und Ermordung geben uns die dem Propheten Jeremia zugeschriebenen Klagelieder. Sie stellen den düsteren Hintergrund dar, in dem der Knecht Gottes von Gott angekündigt und vom Volk erwartet wird. Sie beschreiben die Zerstörung

Jerusalems, das Massaker an dem Volk und die Sklaverei der Gefangenschaft.

> Ich habe das ganze Volk gesehen,
> stöhnend vor Hunger
> auf der Suche nach Brot (Klgl 1,11);
> Kinder verlangten etwas zu essen,
> und es gab nichts (Klgl 4,4);
> Kinder, die starben vor Hunger
> in den Armen ihrer Mütter
> und fragten: »Mama, wo gibt es Brot?« (Klgl 2,12)
> Säuglinge und Kinder,
> hingestreckt auf den Straßen der Stadt,
> als wären sie im Kriege verwundet (Klgl 2,11).

Die Klagelieder Jeremias sprechen auch vom Terror der Staatsmacht, die die Menschen unterdrückt.

> Ich habe vergewaltigte Frauen gesehen
> in der Stadt Jerusalem
> und geschändete Mädchen
> im ganzen Land (Klgl 5,11);
> Leichen von Alten und von Kindern,
> von Jungen und Mädchen,
> überall lagen sie
> auf den Straßen der Stadt (Klgl 2,21);
> Priester und Propheten ermordet
> mitten im Tempel des Herrn (Klgl 2,20).

Genau das ist vor sieben Jahren in El Salvador geschehen, als der Erzbischof Oscar Romero ermordet wurde, während er die Messe las. Und wie die Juden in Babylon, so lebt auch das Volk von El Salvador im Exil. Von den fünf Millionen Menschen in El Salvador lebt eine Million als Flüchtlinge im Ausland; eine halbe Million ist heimatvertrieben im eigenen Land, die meisten von ihnen gehören zu den Ärmsten, ohne Bildung oder Arbeitsmöglichkeit, sie besitzen gerade das, was sie auf dem Leib tragen. Der militärische Name für diese systematische und blutige Vertreibung der Bevölkerung aus ihrer Heimat ist *Operation Phoenix*. Dieses Verfahren wurde schon im Vietnamkrieg angewandt; es beginnt meist mit einem Bombardement der Zivilbevölkerung. Die Armee vernichtet die Ernte und die Häuser der Menschen, danach werden die Überlebenden in Lager verbracht. »Im Januar 86«, erzählt ein Flüchtling, »nahmen sie uns gefangen – und Dank des internationalen Drucks und der neuen Regierungspolitik wurden die Leute jetzt nicht mehr ermordet, sondern dem Roten Kreuz übergeben! So kamen wir hier ins Lager. Aber wir sind keine Flüchtlinge, wir wollen nicht von Almosen leben, sondern an den Ort unseres Ursprungs zurückkehren. Warum will die Regierung das Land entvölkern und uns hier im Lager einsperren?«

Die Antwort ist klar: Nur ein entvölkertes Land garantiert den militärischen Sieg. Die Bevölkerung behindert die *counter-insurgency*-Taktik, die zu perfektionieren ein Hauptziel des Pentagons in den letzten zwanzig Jahren war. Die Volksaufstände der Dritten Welt werden nach einem berühmten Wort Mao Tse-tungs geführt vom »Fisch im Wasser«, d.h. der kämpfenden Guerilla, die vom Volk getragen, ernährt, versorgt und versteckt wird. Die amerikanische Kriegsführung besteht nicht darin, den schnellen und wendigen Fisch zu fangen und z.B. die höchstens sechs- bis achttausend Bewaffneten der salvadorenischen Befreiungsbewegung FMLN zu schlagen, sondern dem Fisch das Wasser abzugraben, d.h. die Zivilbevölkerung auszuschalten. Die Bombenangriffe auf die Zivilisten, die zu Recht oder zu Unrecht der Beihilfe verdächtigt werden, haben sich in den letzten beiden Jahren verdreifacht; Land wird unbewohnbar gemacht, Ernten werden verbrannt, Zivilisten getötet oder zur Flucht gezwungen.

Eine politische Beamtin der US-Botschaft in San Salvador erklärt uns: »Die bewaffneten Streitkräfte sind erzogen worden. In den letzten Jahren gab es kein unterschiedsloses Bombardement der Zivilbevölkerung mehr.« Die Angehörigen der Opfer sehen das allerdings anders. Im letzten Jahr wurden 1821 Zivilisten getötet, 90% von ihnen durch die Regierungsstreitkräfte. Die Todesschwadronen arbeiten weiter. Kein Offizier, der foltert oder tötet, wird je zur Rechenschaft gezogen, und der Erlaß Nr. 50 legalisiert die Folter. Jeder kann von den »Sicherheitskräften«, die meist in Zivil, manchmal in Uniform, oft im Morgengrauen auftauchen, festgenommen werden. Die Gewalt, der Terror, die Quälerei von Menschen ist hier legalisiert. Die Gefangenen werden bis zu 72 Stunden hintereinander verhört, kein Essen, kein Wasser, kein Schlaf, dauerndes Licht, die Maschinenpistole liegt neben dem Befrager, Elektroschocks sind üblich. Die willkürlich Festgenommenen wissen in aller Regel überhaupt nicht, warum es gerade sie getroffen hat. Aber nicht der Staat muß ihnen ein Vergehen nachweisen, sondern sie müssen sich reinwaschen vom allgegenwärtigen Verdacht der Subversion. In der Regel werden sie auch nach Äußerungen von Priestern oder kirchlichen Mitarbeitern gefragt; nur die fundamentalistischen Gruppen der neuen religiösen Rechten gelten als zuverlässig und staatstreu.

Die Furcht, der Terror sind allgegenwärtig. »Es hat sich etwas verändert«, erzählt der Pfarrer der Gemeinde »Maria, Mutter der Armen«, »aber nicht viel. Sie töten jetzt keine Bischöfe mehr, nur die Führer der Landgemeinden und die Katecheten. Und ihr könnt die Bomben hören, die sie dort drüben auf die Dörfer werfen. Die Todesschwadronen töten jetzt weniger, aber die Ursachen der Ungerechtigkeit sind dieselben geblieben oder noch schlimmer geworden. Die Folter haben sie mehr spezialisiert, es gibt vierzig Methoden zu foltern. Sie machen es raffinierter, so daß keine sichtbaren Spuren bleiben. Tausende werden zu Flüchtlingen gemacht, mehr denn je. Für uns bringt der Krieg nur Vernichtung. Wieso haben wir hier für 17000 Menschen in dieser Gemeinde nicht einmal Land?«

Das ist die Situation des Volkes, das heute ausgewählt wurde, der Knecht Gottes zu sein, ein gequältes, ein unterdrücktes Volk, ein geknicktes, halbverdorrtes Rohr, eine fast verglimmende Lampe. Ein solches Volk suchte sich Gott damals aus, um das Recht voranzubringen und es auf der Erde zu gründen. So definiert Gott die Aufgabe des Volkes.

Ich halte dich fest an der Hand.
Ich habe dich gebildet und dich dazu bestimmt,
mein Volk zu einigen
und das Licht der Nationen zu sein,
den Blinden die Augen zu öffnen,
die Gefangenen aus dem Kerker zu ziehen
und aus dem Verlies, die im Finstern wohnen (Jesaja 42,6-7).

Gott hat die Armen, die Gequälten in die Gerechtigkeit berufen. Wie kann das zugehen? Wieso soll das Heil gerade von den Ärmsten, gerade von den Schwächsten kommen? Sollten wir uns nicht lieber an Nebukadnezar halten, der Weisheit und Technologie, Macht des Finanzwesens und Militärmacht verkörpert? Es geht in der Geschichte des Volkes Israel immer um den Kampf verschiedener Götter, die Anspruch erheben auf das Gewissen der Menschen, die versuchen, das Bewußtsein zu formen, die Herzen der Menschen zu gewinnen. Ist die Botschaft vom Knecht Gottes, der das Volk ist, nicht absurd? Das Volk ist vom Schmerz zerschlagen und »soll das Ende des Leidens ankündigen; das Volk, dessen Rechte mit Füßen getreten werden, soll auf der Erde das Recht begründen; es wird von den Völkern verachtet – und soll das Licht der Nationen sein; es ist blind – und soll erleuchten; gefangen – und soll befreien; traurig – und soll Freude machen; beinahe tot – und soll das Leben ankündigen; es lebt in der Finsternis – und soll ein Licht sein!« (Carlos Mesters, a.a.O. 47 f.).

Gott sagt zu ihm:

Ich bin der Herr! Dies ist mein Name!
Niemandem werde ich lassen meinen Ruhm
und nicht den falschen Göttern meine Ehre (Jesaja 42,8).

Hier ist die Mission, der Auftrag der Armen klar ausgesprochen. Die Hilfsmittel, auf die der Knecht Gottes rechnen kann, sind nicht materielle Güter wie Reichtum, Prestige, Macht oder Gewalt. Das einzig reale und produktive Hilfsmittel ist das Bewußtsein, die Unterstützung Gottes zu haben, Gott auf seiner Seite zu wissen, im Namen Gottes zu handeln und dem tiefsten Verlangen der Menschen entgegenzukommen.

Auf den leidenden Gottesknecht in San Salvador verweist auch der gegenwärtig bedeutendste salvadorenische Theologe, Padre Jon Sobrino. »Er hatte weder Gestalt noch Schöne, daß wir nach ihm geschaut hätten« (Jesaja 53,2). Die Armen haben keine Zähne; sie erwecken Ekel; sie waschen sich nicht. »Er war so verachtet, daß man das Angesicht vor ihm verbarg; darum haben wir ihn für nichts geachtet« (Jesaja 53,3). Der Gottesknecht lebt unter den Gottlosen, unter Leichnamen. Die Leute wenden sich von ihm ab, sie weisen die Folteropfer zurück. Die Verschwundenen und die versteckten Massengräber sollen unsichtbar bleiben – auch davon spricht Jesaja. »Und man gab ihm sein Grab bei Gottlosen und bei Übeltätern, als er gestorben war, wiewohl kein Betrug in seinem Munde gewesen ist« (Jesaja 53,9). »Es ist um unserer Sünde willen.« Wie der Gottesknecht das Licht aller Menschen sein wird, so befördern auch die Armen das Heil anderer.

»Die Armen«, so erzählt Jon Sobrino, »nehmen Gott an. Ich habe nirgendwo die Messe so fröhlich, so jubelnd gefeiert wie mitten unter den Armen. Sie retten uns, sie helfen uns. Im Flüchtlingslager *Calle real* brachten sie acht große Papierrollen mit Namen beschrieben mit, das waren die 1064 Toten der Gemeinde, fast alle von der Armee massakriert. In die Mitte legten sie ein Bild des auferstandenen Christus. Sie hatten auch vierzehn Kinderfotos dabei. Was sie tun, vermenschlicht uns alle, es evangelisiert uns. Jesaja der Jüngere sagt:

Die Prophezeiungen der Vergangenheit
sind schon Wirklichkeit geworden.
Jetzt kündige ich diese neuen Dinge an.
Bevor sie anfangen,
sage ich schon jetzt, wie sie sein werden (Jesaja 42,9).

Wenn wir verstehen wollen, was heute in Lateinamerika im Geist Gottes geschieht, dann ist es gut, sich an die deutsche

Reformation zu erinnern. Damals wurde das »allein aus Gnade«, das *sola gratia* wiederentdeckt und von Millionen Menschen als Formulierung ihrer Wahrheit ergriffen. Gegen die Kirche von oben und ihr durch Herrschaft garantiertes Wahrheitssystem beriefen sich die Reformatoren auf Gottes ungeschuldete Gnade und Gottes verständliches, lesbares (!) Wort. Heute gibt es in der Theologie der Befreiung eine ähnliche Wiederentdeckung des Evangeliums, die sich ausdrückt als Gottes Option für die Armen, Gottes Parteilichkeit oder Vorliebe für die Armen. Diese Formel setzt Kriterien für das, was der Glaube heute bedeutet. Der Knecht Gottes ist das arme, geschundene Volk. Gott ist nicht der von den Großen importierte Gott, nicht ein *Deus ex machina*, ein Tischlein-deck-dich-Gott, dessen Gunst und Schutz durch Gelübde, Riten und Opfer gekauft werden können, ein Gott, der in bester antijüdischer Tradition zwar das Bekenntnis zu Jesus Christus, unserem Heiland, verlangt, den leidenden Knecht Gottes in El Salvador und in Südafrika und an so vielen Orten aber verleugnet. Woran sollen wir denn Gott erkennen und den Gott Nebukadnezars vom Schöpfer des Himmels und der Erde und dem Befreier unterscheiden? Die Antwort liegt im Leiden um der Gerechtigkeit willen, sie liegt in den Knechten und Mägden Gottes, die wir heute wahrnehmen.

Haben wir, die in der reichen Welt, auf die das Gericht Gottes zukommt, Anteil an diesem Gott der Armen? Warum lesen wir diese Nachrichten von dem Knecht Gottes, der leidet und gefoltert wird, der getötet wird und so Gottes Wahrheit heraufführt? Wo kommen wir denn da vor? Liebt Gott wirklich nur die Armen, und hat er für uns nichts übrig? Wo ist denn der Knecht Gottes bei uns?

Meine Antwort auf diese Frage ist eine Vision. Ich träume von einer Kirche in unserem Land, die immer mehr Magd Gottes wird, eine Kirche, die das Evangelium immer deutlicher lebt. Eine Kirche, die den Tischlein-deck-dich-Gott verabschiedet hat und immer deutlicher an Gottes Parteilichkeit für die Armen teilnimmt. Eine Kirche, die sich von den Banken trennt, die heute noch für mehr Folter, mehr Inhaftierung von Kindern und mehr Gewalt des Staates in Südafrika sorgen. Eine Kirche, die sich auf die Seite der Gerechtigkeit und einer anderen Weltwirtschaftsordnung stellt. Eine Kirche, die, indem sie immer mehr Magd Gottes wird, ihre Gestalt und Schönheit, ihre Macht und ihr Aussehen verliert, wie der Knecht Gottes; die bescheidener wird und klarer; die nicht in allgemeinen Reden vom Frieden heimlich doch noch immer auf den *Deus ex machina* hofft, sondern die mit dem Gott der Bombe endgültig bricht und das Verbrechen an den Armen, das die Rüstung bedeutet, nicht mehr erlaubt. Eine Kirche schließlich, die Frieden mit der Schöpfung schließt und dem Ausrottungsdrang Widerstand entgegensetzt. Eine Minderheit im reichen Land, die Nebukadnezar nicht anbetet, sondern an der zentralen, der jüdischen Bestimmung Gottes festhält: daß Gott der ist, der die Gerechtigkeit liebt. Eine Kirche, die sich nicht den leisesten Antisemitismus erlaubt, und wenn es auch nur der wäre, das Kreuz Jesu zu einem triumphalistischen Symbol zu machen, das die Erlösung proklamiert, indem es uns auf Gerechtigkeit verzichten läßt. Die Kirche als Magd Gottes kann kein Interesse an der exklusiven Aneignung des Symbols haben; ihre Treue zur Schrift, zur Tradition funktioniert gerade umgekehrt, nicht in der Fetischisierung auf das »dieser und kein anderer«, sondern im Wiedererkennen des vom zweiten Jesaja gesehenen Knechtes Gottes, in welcher Gestalt auch immer er uns begegnet. Eine Kirche, die von dem Knecht lernend Gott dient, wird frei von den Ängsten derer, die nicht dienen wollen oder meinen, sie könnten es nicht.

Ich will dazu noch eine Geschichte aus El Salvador erzählen, die deutlich macht, wie die Kirche von ihrer traditionellen Bindung an die Oberklasse hin zu den Armen bekehrt wird. Eine Schulleiterin, die uns bat, ihren Namen und den ihres Gymnasiums nicht öffentlich zu nennen, erzählt: »Ich bin hier zur Schule gegangen und habe eine klassische traditionelle Erziehung auf die Familie hin erhalten. Wir waren immer bekannt dafür, die besten Ärzte, Anwälte, Geschäftsleute hervorzubringen. Erst nach Medellin begriffen wir, daß wir für die Oberklasse arbeiteten. Unsere Schüler kamen alle aus den besten Familien. Damals stellten wir uns die Frage: Falls die heilige Jungfrau mit ihrem Sohn auf dem Arm zu unserer Schule käme, würden wir ihn zulassen? Nein, wir hätten den kleinen Jesus fortschicken müssen. Wir versuchten dann, die Zulassungspolitik unserer Schule zu ändern, und gerieten in massive Konflikte. Wir schlugen vor, das Schulgeld je nach Einkommen der Eltern zu staffeln, so daß die Kinder der weniger Begüterten auch auf unsere Schule kommen könnten. Heute ist unsere Schule für alle offen, und die Kinder der Armen sind oft die besten Schüler. Aber wir hatten mindestens drei Jahre lang einen erbitterten Kampf, der in die schlimmste Zeit des Landes fiel. Die Eltern hielten Versammlungen ab, um sich gegen uns zu organisieren, unser Gebäude wurde bombardiert, wir mußten außerhalb leben, und viele nahmen ihre Kinder aus unserer Institution. Opus Dei eröffnete eine andere Schule für die Reichen. Wir wurden als Marxisten angegriffen (die kleine Ordensfrau kichert, als sie das erzählt), weil wir dann auch noch das Curriculum veränderten! Unsere Schüler haben in die Elendsviertel zu gehen, um für die Ärmsten zu arbeiten. Heute arbeiten mehr Eltern mit uns zusammen, einige Mütter begleiten ihre Töchter, wenn sie zur Sozialarbeit gehen oder im Gesundheitsdienst für die Flüchtlinge arbeiten. Unsere Methode besteht in einer *Sozialisierung*. Wir haben die Belohnungen und Preise abgeschafft. (Diese *awards* spielen im Schulsystem der USA eine Hauptrolle bei der Einübung in die Konkurrenzgesellschaft und das meritokratische Denken; D. S.) Wir versuchen, die Schüler zu einem sozialen Bewußtsein zu führen, weg von dem ›Das ist mein Stift, das sind meine Süßigkeiten‹, hin zum Teilen. Wenn die Kinder der Reichen nach dem Wochenende erzählen: ›Wir sind zum Strand gefahren‹ und andere sie übertrumpfen: ›Aber wir waren in Guatemala zum

Einkaufen‹, dann ermutigen wir die, die nie wegfahren, über ihre Realität zu sprechen und sie ernst zu nehmen.«

Ist die Erste Welt, so fragte uns Jon Sobrino, bereit für die Gute Botschaft? Wenn meine Brüder und Schwestern in El Salvador heute sagen, daß der Knecht Gottes in ihrem Land lebt, ihr Volk ist, so ist die richtige Antwort darauf nicht eine selbstgenügsame christliche Dogmatik, die meint, wir brauchten keine Knechte Gottes mehr, weil Christus schon genug für uns getan habe. Die richtige Antwort ist auch nicht eine Art von verzweifeltem Neid, dort zu leben, wo das Evangelium reiner und klarer leuchtet. Unsere Antwort kann nur in Dank und Lob gegründet sein. Dank sei dir, Gott, daß dein Volk in Salvador betet und kämpft und leidet – für uns alle. Lob sei deinem Knecht in Zentralamerika! Lob sei dem Licht des Evangeliums, das auch in unsere finstere und brutale Welt leuchtet! Und laß uns alle hineinwachsen in deine Wahrheit, Gott, in der wir nicht mehr Interpretationen der Bibel gegeneinander abwägen, als hätten wir das Recht, sie wie Angebote im Supermarkt zu vergleichen. Lehre uns zu fragen, wo wir selber praktisch der Knecht Gottes und die Magd Gottes werden. Die Ebene des objektivierenden Vergleichs ist zu hochmütig und zugleich zu kleinmütig – als sei der Knecht Gottes unerreichbar für uns schwächliche Sündenknechte. In Wirklichkeit bittet uns der Knecht Gottes, Gott doch endlich zu dienen, den Nebukadnezar in uns loszulassen und das Recht zu lieben, das einfache Recht der vielen, nicht zu verhungern. Wenn wir weder hochmütig noch kleinmütig sind, dann wird unser wirklicher Mut hervorgerufen, dann hören wir auf die leise Stimme des Knechtes Gottes und fangen selber an, nicht zu schreien und den glimmenden Docht in der Lampe nicht zu löschen.

BÄRBEL VON WARTENBERG-POTTER
Wir werden unsere Harfen
nicht an die Weiden hängen
Engagement und Spiritualität
158 Seiten, kartoniert DM 14,80

»An der Wiege meines eigenständigen Denkens stand die Empörung«, beginnt Bärbel von Wartenberg-Potter ihr Buch, Empörung über das Unrecht auf der Welt auf der einen und die Weltfremdheit der Theologie auf der anderen Seite. Die Empörung wandelte sich bei ihr in eine neue Spiritualität, in der Glaube und Welt zusammengesehen werden, und in leidenschaftliches Engagement gegen die Unrechtsstrukturen und gegen den Mißbrauch des christlichen Glaubens zur Rechtfertigung des Bestehenden. Dies ist ein autobiographisches und zugleich ein Sachbuch, ein Buch voll scharfer Polemik und zärtlicher Wärme. Ein feministisch-theologisches Buch, dessen Aussagen dennoch original biblisch und evangelisch sind.

DOROTHEE SÖLLE
Das Fenster der Verwundbarkeit
Theologisch-politische Texte
347 Seiten, kartoniert

Dieses Buch dokumentiert das politisch-theologische Engagement einer der bekanntesten Theologinnen unserer Zeit: Hinreise und Rückreise, religiöse Erfahrung und politisches Engagement sind Bilder und Begriffe, welche die Autorin immer zusammenzudenken versucht. Der Band enthält Aufsätze, Traktate, Stellungnahmen, Reden, Vorträge und Bibelauslegungen, persönliche Auseinandersetzungen mit der eigenen Biographie und mit den Herausforderungen der Zeit. Das vergangene Jahrzehnt spiegelt sich in vielfältigen Facetten in diesem Buch.

Kreuz Verlag